白崎茶会の

発酵定食

酵食
発定

体にやさしい献立と作りおき

白崎裕子

"いいことずくめ"の発酵の世界へようこそ

「発酵定食」なんて言うと、なんとなく手間がかかりそうですよね？
ところが実際は、あっけないくらいかんたんです。

発酵食すべてを手作りしなくても、昔ながらの製法で作られた
「みそ」や「しょうゆ」があれば、それはもう発酵定食ですし、
さらに「甘酒」や「梅酢」があれば無敵です。
それらをうまく組み合わせながら、時間がないときにも作りやすく、
春夏秋冬と一年中楽しめる献立としてご紹介するのが本書です。

シンプルな材料と作り方で、長時間コトコト煮込んだような味わいや、
複雑な調味料を合わせたような風味、ルウを使ったようなコクやとろみも、
あっという間に作れます。それは、発酵食が「旨味」「甘み」「香り」「とろみ」など、
おいしい味に必要とされているものを、最初から持っているから。

これはすごいことですよね。料理が勝手においしくなってくれるので、
家族はもちろん、作る自分もちょっとびっくりします。

それに発酵食は毎日少しずつ味が変わっていくので、飽きることがありません。
旨味調味料も、お砂糖も、○○の素とか、△△のたれなんかも、
まったく必要なくなるので、冷蔵庫もすっきり、さっぱりしてきます。

そうそう、冷蔵庫が空いてきたら、迷わず、ぬか漬けを仕込んでみてください。
毎日のごはん作りがさらに楽になって最高ですよ！

白崎茶会が教える

「発酵食」の
ココがすごい！

保存がきく

冷蔵庫がなかった時代の保存の知恵として、日本では発酵食が重宝されてきました。発酵は腐敗菌の繁殖を抑え、食べ物の保存性を高めます。また麹をはじめ、納豆、乳酸菌など、発酵によって生まれた成分そのものに殺菌効果もあります。

勝手においしくなる！

保存性を高めるとともに、時間の経過によって熟成が進みます。材料に含まれる酵素によって風味がぐんと上がったり、糖やたんぱく質を分解発酵させることで独特な旨味成分が生まれるのです。手をかけずにおいしくできるのが魅力。

腸と体にいい

ヨーグルトや納豆でイメージできるように、発酵食に含まれる菌は体によい作用を与えてくれます。食べるだけで悪玉菌が減って、腸内環境が向上。そして腸が健康になると、便通がよくなるだけでなく、免疫機能、生活習慣病予防にも効果的とされています。

やわらかくなる

発酵調味料に含まれる酵素の働きによって、肉や魚などたんぱく質を分解してくれることがわかっています。たとえばP15の「発酵玉ねぎペースト」は塩麹によって魚がふわふわに。旨味もアップ、日持ちもよくなりいいことずくめです。

砂糖がいらない

味に奥行きを出したり、甘辛い味付けなど、料理にもよく使われる砂糖。本書ではおもに「甘酒」のもつ自然な甘みとコクでレシピの幅を広げています。お菓子や外食など、砂糖の摂りすぎが気になる人にもぴったりの献立になっています。

ストックしておきたい発酵食材

塩麹
☞ 昔ながらの発酵旨味調味料

塩と米麹で作られた万能調味料。和洋中どんな料理でも、食材のもつ本来の旨味を引き出してくれます。肉や魚の下味、煮もの、たれやドレッシングなど、使い勝手がいいのも魅力。塩代わりになんにでも。

甘酒
☞ 砂糖代わりに使える!

そのまま飲んでもおいしいけれど、日々の献立にも重宝します。とろみ、旨味、そして甘みがあるので、カレーや汁物のベースにも。本書では日持ちする濃縮タイプを使います。さらりとした飲料用ではないのでご注意を。

漬けもの
☞ 寝かせるほどおいしい

定番のぬか漬け、粕漬け、みそ漬け、ピクルスなど、種類はさまざま。ミネラルや乳酸菌を得られる健康効果はもちろん、旨味も醸成されるので、料理に使うと便利。

さまざまな料理に活躍する、定番の発酵調味料や食材はこちら。
「発酵定食」を始める最初の一歩に、ぜひそろえてみてください。

みそ

☞ 大豆の旨味と麹の甘みが凝縮

どんな家庭にもある基本調味料のひとつですが、好みに合わせて選んだり、自家製を作れると、発酵の世界がたちまち広がります。豆の種類、熟成度合いによって味わいも変わり、和洋中なんでもみそ頼りに。

納豆

☞ 国産のおいしいものを選んで

種類豊富な納豆には、納豆菌が豊富。大豆のたんぱく質を分解してアミノ酸を増やし、おいしく発酵します。昔ながらの製法で作られた、国産大豆のものがおすすめ。

豆乳ヨーグルト

☞ 毎日食べたい発酵食の基本

豆乳を発酵させて作られるヨーグルト。乳製品を使わなくてもクリーミーでまろやかに仕上げたい料理に欠かせません。植物性たんぱく質とイソフラボンが豊富。もちろん普通のヨーグルトで代用してもOK。

目次

"いいことずくめ"の発酵の世界へようこそ ─── 2

白崎茶会が教える
「発酵食」のココがすごい！ ─── 4

ストックしておきたい発酵食材 ─── 6

Part1 春夏の発酵定食

[発酵玉ねぎ]のソテー定食 ─── 14

発酵玉ねぎペースト □
鮭のふわふわオニオンソテー
発酵玉ねぎスープ
発酵玉ねぎドレッシング

カツオの[塩麹]唐揚げ定食 ─── 18

カツオの塩麹唐揚げと
　アスパラの素揚げ
ラディッシュと新玉ねぎの塩麹浅漬け
ごま塩ごはん
新玉ねぎとラディッシュの葉のみそ汁

あさりの[白みそ]スープごはん定食 ─── 20

甘酒フレンチドレッシング □
あさりの白みそターメリックスープ
雑穀ごはん
スナップえんどうとブロッコリーの
　ホットサラダ

魚介の[白みそ]ワイン蒸し定食 ─── 22

鯛とあさりの白みそワイン蒸し
クレソン混ぜごはん
白みそレモンディップ

[ぬか漬け]と納豆かき揚げ定食 ─── 24

かんたんぬか漬け □
納豆といんげんのかき揚げ
黒米ごはん
長いもの白みそ汁

あさりの[甘酒]さっと煮定食 ─── 28

あさりの甘酒さっと煮 □
三つ葉ごはん
あさりだしのお吸い物

サバ缶の［甘酒］キーマカレー定食 …… 30

サバ缶の甘酒キーマカレー
甘酒レモンラッシー

イワシの［豆乳ヨーグルト］カレー定食 …… 32

豆乳ヨーグルト□
イワシの豆乳ヨーグルトカレー
紫キャベツのヨーグルトマリネ
レモンライス

キャベツの［甘酒キムチ］定食 …… 36

キャベツの甘酒キムチ□
キムチのっけごはん
春野菜のいしるみそ汁

［みりんピクルス］の朝定食 …… 38

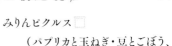

みりんピクルス□
（パプリカと玉ねぎ・豆とごぼう、
きのこ）
ピクルスのペースト
甘酒フルーツヨーグルト

［梅みそ］と葛豆腐の和定食 …… 40

さっぱり梅みそ□
たこときゅうりの梅みそがけ
白ごま葛豆腐
新しょうがごはん
ズッキーニと油揚げのみそ汁

［青唐辛子みそ］とモロヘイヤのそば定食

…… 44

青唐辛子みそ□
青唐辛子みそとモロヘイヤのそば
なすの梅酢ソテー

［発酵薬味］の混ぜ寿司 …… 48

みょうがとしょうがの発酵薬味□
発酵薬味の混ぜ寿司
薬味豆腐

鯛と［甘酒たくあん］の押し寿司 …… 50

甘酒たくあん□
鯛と甘酒たくあんの押し寿司
菜の花のおすまし

きほんの発酵食材／自家製レシピ

・塩麹 ………………………………… 54

・甘酒 ………………………………… 56

・玄米みそ ………………………… 58

・ひよこ豆の白みそ ……………… 60

column

昔ながらのしょっぱいみそ ……… 62

豆腐そぼろの〔ピリ辛ビビンパ〕定食 ⊘ … 64

甘酒コチュジャン □
豆腐としいたけの甘酒そぼろ
4種の野菜ナムル
ねぎの白いスープ

〔玄米みそ〕の根菜汁定食 ⊘ …………… 68

玄米みその根菜汁
コロコロ野菜のみそ漬け
もちきびごはん

ぶりの〔粕漬け〕定食 ……………… 70

粕床 □
ぶりの粕漬け焼き
野菜の粕漬け
豆もやしの粕床スープ

かきの〔酒粕〕クリーム煮定食 ………… 74

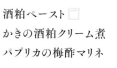

酒粕ペースト □
かきの酒粕クリーム煮
パプリカの梅酢マリネ

きのこの〔塩麹漬け〕定食 …………… 78

きのこの塩麹漬け □
きのことかきのターメリックライス
青菜のきのこ和え
きのこのゆで汁スープ

〔青菜漬け〕の炒めもの定食 …………… 82

青菜漬け □
青菜の古漬け炒め
もちきびごはん
納豆
サバ缶と大根の粕汁

… 植物性の材料だけで作れるプラントベースの献立

 … 発酵の作りおきストック

めかじきの〔辛みそ〕レタス巻き定食 …… 86

かんたん辛みそだれ
めかじきの辛みそレタス巻き
きゅうりのサラダ
麦ごはん
オクラの辛みそスープ

サバの〔ぬか炊き〕定食 …… 90

サバのぬか炊き
小松菜のぬか漬け
さつまいもごはん
大根とにんじんの白みそ豆乳汁

〔テンペ〕の照り焼きマヨネーズ定食 …… 92

発酵マヨネーズ
テンペの照り焼き
玄米ごはん
お湯かけ梅とろろ汁

〔チーズ豆腐〕のサラダ定食 …… 96

塩麹のチーズ豆腐
チーズ豆腐のサラダ
かぼちゃの塩麹ポタージュ

じゃがいもの〔塩麹〕グラタン定食 …… 98

塩麹ホワイトソース
じゃがいもの塩麹グラタン
紫キャベツとラディッシュの浅漬け
レンズ豆と白菜の塩麹トマトスープ

鮭と白菜の〔発酵鍋〕定食 …… 102

発酵ラー油
鮭と白菜の発酵鍋

食材別インデックス …… 104
白崎茶会／おすすめの食材 …… 108
発酵食があれば、大丈夫 …… 111

本書のルール

* 発酵定食は、作りおきできる発酵ストックをベースにした献立レシピになっています。
  メインや副菜、汁ものなど、組み合わせはお好みで変えてください。

* 塩麹、甘酒、みそは自家製レシピを掲載しています。
  もちろん市販品(おすすめはP108〜)でも同様に作れます。

* 大さじ1は15㎖、小さじ1は5㎖、1カップは200㎖です。すべてすりきりで計量しています。

* 調味料について、とくに記載のないものは、しょうゆは濃口しょうゆ、
  塩は海塩(海水100％を原料に作られたもの)、酢は米酢を使用しています。

* 市販品のみそや塩麹、しょうゆの塩分量はさまざまなので、味をみて適宜調整してください。

* 野菜の皮むきなど一部工程を省略しています。

* 調理道具について、フライパンは鉄のもの、鍋はステンレスのものを使用しています。
  材質や厚さによって火通りや加熱時間が変わるので、目安としてください。

* 発酵ストックレシピの保存期間はおおよその目安です。材料や調理環境によって変わりますので、
  ご自身で味を確かめながら調理・保存するようにしてください。

Part 1

春夏の発酵定食

気温がぐんぐん上がって、さっぱりとしたものを食べたくなる季節。

発酵の知恵を生かし、旬の野菜もたっぷりといただきましょう。

作りおきのストックさえあれば、時間をかけずに献立が完成!

メインや副菜、汁ものと余すところなく、活用できるレシピをご紹介します。

毎日の晩ごはんはもちろん、週末の朝食やお昼ごはんにぴったり。

［発酵玉ねぎ］のソテー定食

発酵玉ねぎドレッシング⇨P17

発酵玉ねぎスープ⇨P17

鮭のふわふわオニオンソテー⇨P16

「発酵玉ねぎペースト」があれば、メインの漬け床になるほか、
スープやドレッシングなど何品にも展開できます。
しかも材料はたった3つ、準備は混ぜるだけでOK。

発酵玉ねぎペースト

パサつきがちな
タラやメカジキ、
鶏むね肉など、
漬けておくだけで
ふわふわしっとり
仕上がります。
新玉ねぎで作ると、
フレッシュでおいしい。

保存の目安
冷蔵1週間

材料
玉ねぎ……1個（200g）
塩麹（自家製はP54）……100g
酢……小さじ2

作り方

① 玉ねぎをすりおろす。

② すべての材料を入れてよく混ぜる。

Point
酢を加えているので辛味がとれ、保存がきく。すりおろさず、
一度にブレンダーやプロセッサーにかけてもよい。なめらかなピュレ状に。

➡ **カレーに入れて**
肉や魚を漬けておき、ペーストごと一緒に煮込むとおいしい。ルウがなくても、オイルとカレー粉さえあれば、さっぱりしたヘルシーなカレーができます。

➡ **おいしいポテトサラダ**
ゆでたじゃがいもが熱いうちに、ペーストを加えてつぶします。マヨネーズ（自家製はP93）で具材を和えれば、お惣菜屋さんの味に。

➡ **即席スープの素に**
水または昆布水（P27）1カップにペースト大さじ2を加え、煮立てるだけで一人分のスープができます。具材はお好みで。

発酵玉ねぎと
にんにくの香りが
食欲そそるメインおかず。
いつもの焼き魚が、
漬けておくだけで
楽しみになります。

〔メイン〕 鮭のふわふわオニオンソテー

材料（2人分）

生鮭（または生サーモン・切り身）
　　──2切れ

A　発酵玉ねぎペースト──大さじ4
　　オリーブオイル──大さじ1
　　にんにく（スライス）──1かけ分

作り方

① バットにAを混ぜ、鮭にぬってラップを貼り付け、15分以上置く。

② 冷たいフライパンに1を入れ、弱めの中火でじっくり両面を焼き、皿に取り出す。

③ フライパンに残ったソースを少し煮詰め、2にかける。青菜のソテーなどを添える。

①

③

Point

ペーストをぬった鮭は、冷蔵庫で一晩以上置くと、さらにしっとりふわふわに焼き上がる。

〔汁もの〕 発酵玉ねぎスープ

材料（2人分）

発酵玉ねぎペースト……大さじ4
じゃがいも……大1個
ミニトマト……6～8個
ブロッコリー……2～3房
水……400mℓ
昆布……5cm角1枚
塩、こしょう……各少々

作り方

① じゃがいもは一口大に切り、発酵玉ねぎペーストをからめて5分置く。

② 鍋に1と水を入れ、手で昆布を割って加える。中火にかけ、沸騰したらアクを取り、ふたをして弱火にし、じゃがいもがやわらかくなるまで10～15分ほど加熱する。

③ ミニトマトとブロッコリーも加え、さらに5分ほど煮る。塩、こしょうで味をととのえる。

①

Point

ローリエ1/3枚ほどを昆布と一緒に加えて作ると、コンソメのような味わいになる。

〔調味料〕 発酵玉ねぎドレッシング

材料（作りやすい分量）

発酵玉ねぎペースト……大さじ3
レモン汁……大さじ1
植物油……大さじ1

作り方

すべての材料をよく混ぜる。レタスやベビーリーフにかけて食べる。

カツオの〔塩麹〕唐揚げ定食

ラディッシュと新玉ねぎの塩麹浅漬け

カツオの塩麹唐揚げとアスパラの素揚げ

ごま塩ごはん

新玉ねぎとラディッシュの葉のみそ汁

塩麹なら一発で唐揚げの下味がついて、
素材そのものの旨味を引き出してくれます。
塩の代わりに気軽に使える塩麹が活躍する献立。

［メイン］カツオの塩麹唐揚げとアスパラの素揚げ

材料（2人分）
カツオ──1/2さく（150g）
アスパラガス──6本
塩麹（自家製はP54）──大さじ1と1/2
にんにく──1かけ
しょうが──1かけ
片栗粉、揚げ油──各適量
レモン（くし切り）──1切れ

くさみもなく、
生とは違ったカツオの
濃い旨味を味わえます。
お弁当のおかず、
作りおきにも便利な一品。

作り方
① にんにく、しょうがはすりおろす。アスパラは食べやすく切り、カツオは一口大に切る。
② ポリ袋ににんにく、しょうが、塩麹、カツオを入れてよくもみ、冷蔵庫に入れて30分～一晩置く。
③ 別のポリ袋に片栗粉を入れ、2のカツオを入れて空気を含ませてよくふってまんべんなくまぶす。
④ 中温に熱した油でアスパラをさっと揚げる。次に3のカツオをからりとするまで揚げる。皿に盛り、レモンを添える。

②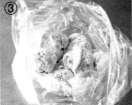
③
④

［汁もの］新玉ねぎとラディッシュの葉のみそ汁

材料（2人分）
新玉ねぎ──1個
ラディッシュの葉──適量
昆布水（P27）──300mℓ
みそ（自家製はP58）──大さじ2
塩──ひとつまみ

作り方
① 新玉ねぎとラディッシュの葉はざく切りにする。
② 鍋に昆布水と新玉ねぎ、塩を入れ、弱火にかける。沸騰したら玉ねぎがやわらかくなるまで10分ほど加熱し、ラディッシュの葉を加えてみそを溶き入れる。

［ご飯］ごま塩ごはん

材料（2人分）
五分づきご飯──茶碗2杯
ごま塩──適量

作り方
フライパンに黒ごま大さじ1と塩小さじ1を入れてごく弱火で温め、ごまが1～2粒はじけたらすぐに火を止める。そのまま冷まして、茶碗に盛ったご飯に好みの量をかける。

［副菜］ラディッシュと新玉ねぎの塩麹浅漬け

材料（2人分）
ラディッシュ──10個
新玉ねぎ──1/4個
（好みの野菜を合わせて200g）
塩麹（自家製はP54）──大さじ1と1/3
酢──小さじ1と1/3

作り方
① ラディッシュは半分に切る。新玉ねぎはラディッシュより小さめに切る。
② ポリ袋にすべての材料を入れてもみ、常温で30分ほど置く。

②

あさりの〔白みそ〕スープごはん定食

スナップえんどうとブロッコリーのホットサラダ

雑穀ごはん

あさりの白みそターメリックスープ

あさりのだしと白みその甘さ、旨味が一体となった
スープをご飯にかけるだけのかんたんメニュー。
サラダも、甘酒で作るドレッシングがポイント。

〔メイン〕あさりの白みそターメリックスープ

材料（2人分）
あさり（砂抜きしたもの）——300g
玉ねぎ——1個
にんにく——1かけ
白みそ（自家製はP60）——大さじ2
豆乳——100㎖
水——300㎖
ターメリック——小さじ1/2
塩、こしょう——各少々
植物油——大さじ1と1/2
雑穀ごはん、クレソン、レモン——各適量

Point
味付けは少し濃いめにするのがおすすめ。

作り方
① 鍋に油とみじん切りにした玉ねぎとにんにくを入れて弱火にかけ、しんなりするまで炒め、ターメリックも加えてさらに炒める。
② 水100㎖とあさりを加えてふたをし、口が開いたら半分ほど殻を外す。
③ さらに水200㎖を加え、煮立ったらアクを取る。
④ 白みそと豆乳を加えて温め、塩、こしょうで味をととのえる。器に雑穀ごはんを盛ってスープをかけ、クレソンとレモンを添えて食べる。

〔副菜〕スナップえんどうとブロッコリーのホットサラダ

材料（2人分）
ブロッコリー——2房
スナップえんどう——6本
甘酒フレンチドレッシング
——大さじ1〜2

作り方
スナップえんどうは筋を取って半分に切る。ブロッコリーは小さめに切る。さっと塩ゆでして水気をよくきり、熱いうちにドレッシングをからめる。

甘酒フレンチドレッシング

材料（作りやすい分量）
A 甘酒（濃縮タイプ・
　自家製はP56）——大さじ2
　酢——大さじ2
　塩——小さじ1
　にんにく（すりおろし）
　　——小さじ1/3
　白こしょう——少々
植物油——大さじ2

作り方
① ボウルにAを入れて泡立て器でよく混ぜ、塩を溶かす。
② 油を少しずつ加え、一方向に混ぜて乳化したら完成。

保存の目安
冷蔵1週間

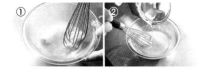

〔ご飯〕雑穀ごはん

材料（2人分）
米——1合
雑穀（大麦、はと麦、あわ、ひえなど）
　——大さじ2
塩——ひとつまみ

作り方
① 米は洗って鍋に入れ、水をいつもの水加減にする。小さめのボウルに雑穀を入れ、水をたっぷり注ぐ。どちらも30分以上浸水させる。
② 雑穀の水をよくきって米に加え、塩も加えてひと混ぜし、いつも通りに炊く。

Point
スープに合うように、
少し固めに炊き上げたい。

魚介の〔白みそ〕ワイン蒸し定食

鯛とあさりの白みそワイン蒸し

白みそレモンディップ

クレソン混ぜごはん

白みそで漬けた白身魚を、野菜やワインで蒸せば、
"アクアパッツァ風"のごちそうに！
野菜をたっぷりいただくディップも発酵食です。

［メイン］鯛とあさりの白みそワイン蒸し

材料（2人分）
鯛（またはスズキ、さわらなど・切り身）
　──2切れ（250g）
白みそ（自家製はP60）──大さじ1と1/2
あさり（砂抜きしたもの）──150g
新玉ねぎ──1/2個
ミニトマト──8〜10個
スナップえんどう──3〜4本
クレソン──適量
にんにく──2かけ
オリーブオイル──大さじ1と1/2
白ワイン──100mℓ
塩、こしょう──各適量

代用：白みそ ⇨ 塩麹 大さじ1弱

Point
白みそをぬるときは、ポリ袋に入れて
なじませてもかんたん。

作り方
① 鯛は塩、こしょうをふってから
　白みそをぬり、冷蔵庫で30分
　〜一晩置く。新玉ねぎは薄
　切り、スナップえんどうは筋を
　取って半分に切る。にんにく
　はみじん切りにする。
② フライパンにオリーブオイルを
　弱火で熱し、鯛を皮目から入
　れて両面に焼き目を付ける。

③ にんにく、あさり、新玉ねぎ、ミ
　ニトマト、白ワインを加えてふ
　たをし、中火にして沸騰した
　らスナップえんどうを加えて弱
　火にし、あさりの口が開くまで
　加熱する。塩、こしょうで味を
　ととのえ、好みでクレソンを添
　える。

①

②

③

［調味料］白みそレモンディップ

材料（2人分）
白みそ（自家製はP60）──大さじ2
オリーブオイル──大さじ1
レモン汁──小さじ1と1/2

作り方
すべての材料をよく混ぜる。春キャベツやに
んじん、セロリのスティックを添えて食べる。

Point
白みそは塩分ひかえめなので、ディップにぴったり。

［ご飯］クレソン混ぜごはん

材料（2人分）
五分づきご飯──茶碗2杯
クレソン──1束
塩──ふたつまみ
オリーブオイル──少々

作り方
クレソンはみじん切りにして塩をふり、水分
が出たらかるく絞る。オリーブオイルとともに
ご飯に混ぜ、塩（分量外）で味をととのえる。

〔ぬか漬け〕と
納豆かき揚げ定食

かんたんぬか漬け

納豆といんげんのかき揚げ⇨P26

長いもの白みそ汁⇨P27

黒米ごはん⇨P27

色鮮やかで歯ざわりのよいぬか漬けを主役に、
サクサクの納豆かき揚げを組み合わせた
満足度の高いヘルシー健康ごはん。

かんたんぬか漬け

発酵の入門に最適！
気温が高いときや
忙しいときは
冷蔵庫に入れておけば、
毎日混ぜる必要はありません。
好みの野菜を入れて、
気ままなぬか漬けを
始めませんか？

材料
生ぬか──500g
水──500mℓ
塩──50g
じゃがいも──小2〜3個
好みの野菜──好きなだけ

作り方

① ボウルに生ぬかと塩を入れて混ぜる。

② ぬかの真ん中を開け、水を注いでよく混ぜる。

③ 保存容器に移し、皮をむいて厚めの輪切りにしたじゃがいもを漬ける（発酵がよくなる）。

④ 丸1日経ったらじゃがいもを取り出し、容器の中でギュッと水分を絞ってひと混ぜする。

⑤ 好みの野菜に塩をなじませて少し置き、水分をよくきる。

⑥ 表面を平らにして5の野菜を押し込み、ぬか床で覆う。半日〜1日漬ける。

Point

・ぬか床の発酵が進むまでは、玉ねぎやにんにくは避けて。水が出てきたらぬか床をへこませ、おちょこなどを沈ませて水を抜くとよい。
・4で取り出したじゃがいもは、水に少しさらして千切りにし、にんにくと炒めるとおいしい。
・追いぬかをした場合はぬかの1/10の塩も加えてよく混ぜて表面をならし、数日置くこと。
・ぬか床を減らしたいときは、P90のぬか炊きに！

揚げると
納豆のクセが
なくなって、
ふわっとした
軽い食感に。
平べったい
モロッこいんげん
を使っています。

〔メイン〕納豆といんげんのかき揚げ

材料（2人分）

納豆（大粒）——2パック

いんげんなど好みの野菜
——50g

A | 米粉——30g
　 | 水——30〜35g
　 | 重曹——ひとつまみ

揚げ油——適量

しょうが、しょうゆ——各適量

作り方

① ボウルにAを混ぜ、衣を作る。

② 納豆と食べやすく切ったいんげんを合わせ、粘りが出るまでよく混ぜる。

③ 1に2を加え、中温の油にスプーンで落とし、からりとするまで揚げる。油をきって盛り付け、おろししょうがとしょうゆを添える。

〔汁もの〕 長いもの白みそ汁

材料（2人分）
長いも──1/3本（100g）
白みそ（自家製はP60）──大さじ2〜3
昆布──10g

代用：白みそ ⇨ みそ 大さじ1と1/2

作り方
① 昆布水を作る。昆布は水400㎖につけて、冷蔵庫に一晩置く（出がらしの昆布はぬか床へ）。

② 長いもは5㎜厚さの輪切りにして水にさらす。水気をきって鍋に入れ、1と塩ひとつまみ（分量外）を加えて中火にかける。沸騰したらアクを取って長いもに透明感が出るまで加熱し、白みそを溶く。

〔ご飯〕 黒米ごはん

材料（2人分）
七分づき米（もしくは白米）──1合
黒米──大さじ1
塩──ひとつまみ

作り方
① 米と黒米は洗って鍋に入れ、いつもの水加減より大さじ1多くして1時間浸水させる。

② 強火にかけて沸騰したら塩を加えて弱火にし、ふたをして15分加熱する。火を止めて15分蒸らす。

あさりの〔甘酒〕さっと煮定食

あさりの甘酒さっと煮

三つ葉ごはん

あさりだしのお吸い物

甘酒で煮ると、貝がふっくら仕上がります。
香り豊か、シンプルで贅沢な一汁一菜。
三つ葉がなければ、旬の青菜ごはんに。

あさりの甘酒さっと煮

材料（2人分）

あさり――1kg（正味150g）

酒――100mℓ

A｜しょうゆ――大さじ1と1/2～
　｜甘酒（濃縮タイプ・
　｜　自家製はP56）――大さじ3
　｜しょうが（みじん切り）――15g

赤唐辛子（輪切り）――1/2本

保存の目安
冷蔵4～5日

作り方

① 3％の塩水（水1ℓ＋塩大さじ2）にあさりを入れ、1時間ほど置いて砂抜きする。水を捨てて真水を加えて10分ほど置き、こすり洗いをしてざるに上げる。

② 鍋にあさりと酒を入れ、ふたをして中火にかける。途中鍋をゆすりながら、口が開くまで2～3分ほど加熱する。

③ ざるに上げ（汁は取っておく）、殻から身を取り出し、150g用意する。

④ 鍋にAと蒸し汁大さじ2を入れてさっと混ぜ、中火にかけて煮詰め、とろみがついたらあさりの身と唐辛子を加えてさっと煮る。しょうゆで味をととのえる。

〔汁もの〕あさりだしのお吸い物

材料（2～3人分）

あさりの蒸し汁――全量

水――400～600mℓ

薄口しょうゆ――少々

豆腐（絹）――1丁（300g）

青ねぎ（小口切り）――適量

作り方

① 豆腐は食べやすく切る。鍋にあさりの蒸し汁を入れて水を加え、中火にかけて沸騰したらアクを取る。

② 豆腐を加えて温め、薄口しょうゆで味をととのえる。お椀に注ぎ、青ねぎを散らす。

Point

水を加えるときは高いところから注ぐと、アクが出やすくなる。（⇨P81）

〔ご飯〕三つ葉ごはん

材料（2人分）

五分づき米
　（もしくは白米）――1合

酒――大さじ1

薄口しょうゆ――小さじ1

三つ葉――1束

塩――ふたつまみ

作り方

① 米は洗って鍋に入れ、水をいつもの水加減より大さじ2減らして1時間浸水させる。

② 酒と薄口しょうゆを加えてひと混ぜし、いつも通りに炊く。

③ 三つ葉はみじん切りにして塩をふり、水気を絞って温かいご飯に混ぜる。

サバ缶の〔甘酒〕キーマカレー定食

サバ缶の甘酒キーマカレー

甘酒レモンラッシー

小麦粉を使わず、甘酒の力でとろみや
甘み、旨味のあるカレーが手軽に。
暑い日や少しバテ気味のごはんにいかが?

〔メイン〕 サバ缶の甘酒キーマカレー

材料（2人分）

サバ缶（水煮）──1缶
玉ねぎ──1/4個
トマト──1/2個
にんにく──1かけ
しょうが──にんにくと同量
クミンシード──小さじ1
A　カレー粉──大さじ1～1と1/2
　　甘酒（濃縮タイプ・自家製は
　　　P56）──大さじ2～3
　　しょうゆ──小さじ2
植物油──大さじ1
ご飯──茶碗2杯
パクチー、レモン、トマト、
　紫玉ねぎ、アボカドなど
　　──各適量

作り方

① 玉ねぎとにんにく、しょうがはみじん
　切り、トマトは角切りにする。
② 鍋に油とにんにく、しょうが、クミン
　を入れ、弱火にかける。
③ 香りが立ったら玉ねぎを加えて中
　火にし、きつね色になるまでよく炒
　め、トマトを加えてさらに炒める。
④ サバ缶を汁ごと加え、Aを加えて
　水分が飛ぶまで炒める。皿にご飯
　を盛り、カレーをかけ、パクチーや
　レモン、好みの野菜を添える。

Point

トマトを入れることで、ほのかな酸味が出てさわやかな味わいに。

〔ドリンク〕 甘酒レモンラッシー

材料（2人分）

A　甘酒（濃縮タイプ・自家製はP56）──150g
　豆乳──150mℓ
　レモン汁──大さじ2
　レモンの皮（すりおろし）──適量
氷──適量

作り方

Aはとろみがつくまでよく混ぜ、氷を入れたグラスに注ぐ。
氷がないときは、好みの濃さになるまで冷水で割る。

イワシの［豆乳ヨーグルト］カレー定食

紫キャベツのヨーグルトマリネ⇨P35

レモンライス⇨P35

イワシの豆乳ヨーグルトカレー⇨P34

栄養豊富な青魚は、焼くだけではもったいない！
ヨーグルトに漬けてスパイスと一緒に加熱して、
さっぱり元気の出る本格カレーがおすすめ。

豆乳ヨーグルト

そのまま朝食や
おやつに食べるほか、
料理にコクを出したり、
お菓子作りなど
使い道の幅広い発酵食材。
市販品でももちろんOK。

材料
豆乳……1ℓ
種菌……1パック

(保存の目安
  冷蔵4〜5日)

作り方

① 豆乳の注ぎ口から種菌を入れる。

② キャップを締め、よくふって混ぜる。

③ 専用のウォーマーにくるむ（ヨーグルトメーカーの場合、45℃・6〜8時間）。

④ 固まったら完成。長く保温すると酸味が強くなる。

Point
種菌は「ブルマンヨーグルト」（青山食品サービス）を使用。

→あっさりポテトサラダ
ゆでたじゃがいもに、オイル、塩、すりおろしにんにく、豆乳ヨーグルトを混ぜると、マヨネーズよりあっさりした仕上がりに。

→チーズのように使える
できたてを温かいうちに重しをして水をきると、市販のものよりかたい水きりヨーグルトが作れます。リコッタチーズのように、サラダやパンの友、サンドイッチなどに。

「豆乳グルト（右）」はとろみがあっ
てお菓子作りにも便利。「SOYBIO
（左）」は豆乳のクセが少なく、その
まま食べやすい。

〔メイン〕 イワシの豆乳ヨーグルトカレー

イワシの〔豆乳ヨーグルト〕カレー定食

イワシ以外に、アジやめかじき、えび、いか、ホタテで作っても、やわらかくなっておいしい。

材料（2人分）

イワシ——2尾
玉ねぎ——1個
トマト——1個
にんにく——2かけ
しょうが——にんにくと同量
赤唐辛子（種を取る）——1本
豆乳ヨーグルト——150g
みりん——大さじ2
カレー粉——大さじ1
塩——小さじ1〜
植物油——大さじ3
レモン（輪切り）、レタス（ざく切り）、パセリ（みじん切り）——各適量

作り方

① イワシは頭を落として内臓を取り、よく洗って水気を拭き取る。豆乳ヨーグルト（分量外）をぬって15分〜冷蔵庫で一晩置く。にんにくとしょうが、玉ねぎ、トマトはみじん切りにする。

② 鍋に油とにんにく、しょうが、唐辛子を入れ、弱火にかける。香りが立ったら玉ねぎを加えて強火にし、きつね色になるまでよく炒め、トマトとカレー粉、塩を加えてさっと混ぜる。

③ 1のイワシと豆乳ヨーグルト、みりんを加え、沸騰したら弱火にして10分ほど加熱する。塩かしょうゆで味をととのえる。器にレモンライスと盛り付け、あればレモンとレタスを添え、パセリをふる。

Point

イワシは崩れやすいので、スプーンで汁をかけながら煮詰めて。

〔副菜〕紫キャベツのヨーグルトマリネ

材料（2人分）
紫キャベツ──150g
紫玉ねぎ──30g
塩──小さじ1/2
豆乳ヨーグルト──50g
甘酒（濃縮タイプ・自家製はP56）
　──小さじ2

作り方
① 紫キャベツは千切り、紫玉ねぎ
　は薄切りにして塩をふってしばら
　く置く。
② しんなりしたら水気を絞り、豆乳
　ヨーグルトと甘酒を加えて混ぜる。

〔ご飯〕レモンライス

材料（2人分）
ご飯（固めに炊く）──茶碗3杯
植物油──大さじ1
A｜にんにく（みじん切り）──1かけ
　｜クミンシード──小さじ1
　｜ターメリック──小さじ1/2
レモン──1/2個（またはレモン汁──大さじ1〜1と1/2）
塩、こしょう──各適量

作り方
① フライパンに油とAを入れ、
　泡が出てくるまで弱火にか
　ける。
② ご飯を加えてかるく炒め、レ
　モンを搾って加え、水分が
　飛ぶまで炒める。塩、こしょ
　うで味をととのえる。

キャベツの［甘酒キムチ］定食

キムチのっけごはん

キャベツの甘酒キムチ

春野菜のいしるみそ汁

旨味と辛味がたまらないキムチで、
即席の発酵定食ができます。
大根やかぶでも作れて、アレンジも自在。

キャベツの甘酒キムチ

材料(作りやすい分量)

キャベツ——1/2玉(正味500g)
塩——小さじ2(2%)
りんご——1/4個(50g)
にんにく——15g
しょうが——15g

A 甘酒(濃縮タイプ・自家製はP56)
　　——50g
　 韓国産唐辛子——大さじ3〜5
　　(または一味唐辛子
　　　——小さじ1〜小さじ1と1/2)
　 いしる——20g
　 塩　——小さじ1/4〜1/3
　 細切り昆布——適宜

作り方

① キャベツの芯を取ってザク切りにし、ポリ袋に入れる。塩を加えてよくふってなじませ、しんなりするまで15分以上置く。

② りんご、にんにく、しょうがをすりおろしてボウルに入れ、Aを加えてよく混ぜる。

③ キャベツを袋の上からよくもみ、水気をギュッと絞って、ポリ袋に戻す。2を加えてなじませる。

④ ポリ袋の空気を抜いて口をしばり、冷蔵庫に一晩寝かせる。

箸が止まらない、ご飯の友に最高の一品。
左が韓国唐辛子でマイルド、
右は一味唐辛子で辛め。

保存の目安
冷蔵1週間

Point

・いしるがなければ、代わりにしょうゆ+かつお節1パックを粉にしたものを加える。
・もう少し甘くしたいときは、甘酒を増やす。

〔汁もの〕 春野菜のいしるみそ汁

材料(2人分)

アスパラガス——4本
新玉ねぎ——1/4個
いしる——小さじ1
白みそ(自家製はP60)——大さじ2

代用:白みそ⇒みそ 大さじ1強

作り方

① アスパラは4〜5cmに切る。新玉ねぎは薄切りにする。

② 小鍋に水400㎖(分量外)といしる、新玉ねぎを入れ、弱火にかける。新玉ねぎに透明感が出てきたら、アスパラを加えてさっと加熱し、白みそで味をととのえる。

Point

いしるは1人分=小さじ1/2くらいで、みそ汁のだしになる優れもの。

〔ご飯〕 キムチのっけごはん

材料

キャベツの甘酒キムチ
豆腐(絹)
しらす
黒米ごはん(P27)
ごま油、しょうゆ、青ねぎ

作り方

茶碗に温かい黒米ごはんを盛り、キムチ、豆腐、しらすをのせ、青ねぎを散らす。ごま油としょうゆをたらし、すぐに食べる(ごはんが温かく、具材が冷たいうちに食べるとおいしい)。

〔みりんピクルス〕の朝定食

甘酒フルーツヨーグルト

ピクルスのペースト

みりんピクルス（パプリカと玉ねぎ・豆とごぼう、きのこ）

作りおきしやすいピクルスがあれば、
体にいい朝食やブランチが手軽にできます。
食感のバリエーションを出すのがポイント。

みりんピクルス

歯ごたえと酸味がおいしいピクルスは、
みりんを加えて食事向きの風味に。
ご飯の箸休めにも合います。
みりんは焦げやすいので注意を。

豆とごぼう、きのこ

材料

好みの豆（ゆでたもの）──200g
（大豆、ひよこ豆、ミックスビーンズなど）
ごぼう──150g
しめじ──1/2パック（75g）
A　みりん──150㎖
　　酢──150㎖
　　しょうゆ──大さじ3
　　にんにく──1かけ
　　ローリエ──1枚

作り方

① ごぼうは皮をこそげ取って4cm幅に切り、縦に2〜4つ割りにして、水にさらす。しめじはほぐす。にんにくは切り込みを入れる。
② 小鍋にAを入れて弱火にかけ、ふつふつしてきたらごぼうとしめじを加え、アクを取りながら5分ほど加熱して、火を止める。
③ 保存容器に豆を入れ、2を熱いうちに注ぐ。表面にラップを貼り付けて冷まし、冷蔵庫で保存する。

パプリカと玉ねぎ

材料

パプリカ──2個
玉ねぎ──1/4個
（野菜は合わせて350gくらい）
A　みりん──150㎖
　　酢──150㎖
　　塩──小さじ1と1/2
　　にんにく──1かけ
　　粒こしょう──適量

作り方

① にんにくは切り込みを入れてから小鍋にAを入れて弱火にかけ、ふつふつしてから5分ほど加熱し、火を止めて粗熱を取る。
② 玉ねぎは薄切り、パプリカは乱切りにする。瓶に詰め、1を注ぐ。
③ 表面にラップを貼り付ける。野菜がしんなりしたらギュッと押し、野菜がピクルス液に浸かった状態にする。翌日から食べられる。

〔副菜〕 ピクルスのペースト

材料（2人分）

豆とごぼうのピクルス
　──100g
オリーブオイル──大さじ1〜2
ピクルス液、塩──各適量

作り方

① 豆とごぼうのピクルスから、豆としめじを多め、ごぼうを少なめに取り出す（一緒に漬けてあるにんにくも少し入れるとおいしい）。
② オリーブオイルを加え、ブレンダーでなめらかにし、ピクルス液や塩で味をととのえる。皿に盛り、さらにオリーブオイルをたっぷり回しかけ、パンにのせたり、レタスで包んだりして食べる。

〔デザート〕 甘酒フルーツヨーグルト

材料（2人分）

豆乳ヨーグルト（自家製はP33）──200g
甘酒（濃縮タイプ・自家製はP56）──100g
キウイ──1個

作り方

豆乳ヨーグルトに甘酒を入れ、なめらかになるまで混ぜる。刻んだキウイ（または好みのフルーツ）をのせ、混ぜながら食べる。

Point

豆が多いとフムス風になる。好みでごぼうを多めに入れて、つぶつぶのペーストにしても！

〔梅みそ〕と葛豆腐の和定食

たこときゅうりの梅みそがけ⇨P43

白ごま葛豆腐⇨P42

新しょうがごはん⇨P43

ズッキーニと油揚げのみそ汁⇨P43

手作りのとっておきの葛豆腐と、
梅みそを楽しむさわやかな献立。
味を変えながら食べるとおいしい。

さっぱり梅みそ

梅の甘酸っぱい風味が食欲そそる、
さわやかみそだれ。
みそのコクがあるので、
何にでも合わせやすく、
日持ちもするのが魅力です。

材料（作りやすい分量）
梅（完熟）……300g
みそ（自家製はP58）……300g
甘酒（濃縮タイプ・自家製はP56）
　　……100g

保存の目安
冷蔵3か月／冷凍1年

作り方

① 梅は洗って水気をよくふき取り、竹ぐしでなり口を取る。

② 冷凍保存袋に入れ、一晩以上冷凍庫に入れて凍らせる（くずれやすくなる）。

③ ボウルにみそと甘酒を入れてよく混ぜる。

④ 保存容器の底に3の1/3量をしき、梅を入れて残りのみそで覆う（深い容器の場合は、みそと梅を交互に入れ、最後みそで覆うこと）。

⑤ 表面にラップをし、梅が溶けて水分が出るまで一晩置く。

⑥ 大きめのスプーンかヘラでよくかき混ぜる。1日一度かき混ぜて、3日ほどで完成。その後は冷蔵庫に入れ、使う度に一度かき混ぜる。

➡ねぎのぬた和え
4～5cm長さに切って、さっとゆでたねぎと和えるだけ。いかやマグロを加えても。酢みそのように使えるので、刺身こんにゃくやホタルイカにも合う。

Point
しばらく使わない場合は、種を取り出しておくと、かき混ぜる必要がなく味が落ちにくい。

〔メイン〕 白ごま葛豆腐

材料（2〜3人分）

A くず粉——20g
　練りごま——20g
　酒——大さじ1
　塩——ひとつまみ
水——250mℓ
わさび、しょうゆ、梅みそ——各適量

作り方

① 鍋にAを入れ、木べらでよく練ってひとかたまりにし、水を少しずつ注いで溶く。

② かき混ぜながら中火にかけ、沸騰したら弱火にし、よく混ぜながら3〜4分加熱する。生地がよく伸びる状態になったら火を止める。

③ 水にぬらした器に流し、粗熱を取って冷やし固める。食べるときにわさびをのせ、しょうゆや梅みそをかける。

〔副菜〕 たこときゅうりの梅みそがけ

材料（2人分）
ゆでだこ──150g
きゅうり──1本
新玉ねぎ、わかめ、梅みそ
　──各適量

作り方
① きゅうりは塩ふたつまみをふって、板ずりしてしばらく置く。水気をきって、食べやすく切る。玉ねぎは薄切りにして水にさっと放ち、水気をきる。
② ゆでだことわかめも食べやすく切る。皿にすべて盛り、梅みそをかける。

〔汁もの〕 ズッキーニと油揚げのみそ汁

材料（2人分）
ズッキーニ──1/2本
油揚げ──1枚
昆布水（P27）──400mℓ
みそ（自家製はP58）
　──大さじ1と1/2～大さじ2

作り方
① 油揚げは縦2つに切ってから細切り、ズッキーニは半月切りにする。
② 小鍋に昆布水を入れて煮立て、油揚げとズッキーニを入れてさっと火を通し、みそを溶き入れる。

材料（作りやすい分量）
米──2合
酒──大さじ1と1/2
塩──小さじ1/2
しょうゆ──小さじ1/2
新しょうが──30g
　（またはひねしょうが
　　──25g）
細切り昆布──少々

作り方
① 米は洗って鍋に入れ、1時間浸水させる。しょうがは千切りにする。
② 水を替えていつもの水加減より大さじ1と1/2減らして酒、塩、しょうゆを加えてひと混ぜし、しょうがと昆布をのせる。いつも通りに炊き、10分蒸らしてよく混ぜる。

〔ご飯〕 新しょうがごはん

②

なすの梅酢ソテー⇨P47

青唐辛子みそとモロヘイヤのそば⇨P46

〔青唐辛子みそ〕とモロヘイヤのそば定食

青唐辛子を存分に味わう絶品みそとネバネバ食材で、
元気が湧いてくるおいしさ。
さっぱりとした辛味、酸味のある発酵具材で食欲をそそります。

青唐辛子みそ

さわやかな辛味が後引く、
夏のおかずみそ。
砂糖やみりんを使わずに
甘酒で仕上げます。

材料
青唐辛子──75g（50本くらい）
大葉──10枚
みそ（自家製はP58）──大さじ5
甘酒（濃縮タイプ・自家製はP56）
　──大さじ4
ごま油──大さじ2

保存の目安
冷蔵1か月

作り方

① 青唐辛子は二つ割りにして種を取り（種が入るとすごく辛くなる）、みじん切りにする。大葉もみじん切りにする。

② フライパンにごま油と青唐辛子を入れ、弱火で炒める。ここでじっくり炒めると、辛みがマイルドに。

③ みそと甘酒を加え、水分が飛ぶまで弱火で1～2分加熱する。

④ 火を止め、大葉を加えてひと混ぜする。

➡おにぎりの具に
そばやそうめんのほか、白いご飯と相性抜群。おにぎりの具としても最高です。お弁当にも。

➡焼きなすにつけて
フライパンでこんがり焼いたなすにのせると、うれしい副菜に。豆腐にのせるだけでも、すぐ出せるお酒のおつまみになります。

めんつゆがなくても
唐辛子みそと
しょうゆだけで、
おいしい
ぶっかけそばが
すぐできます。

〔メイン〕青唐辛子みそとモロヘイヤのそば

材料（2人分）
モロヘイヤ——1/2束
紫玉ねぎ——1/4個
青ねぎ——適量
青唐辛子みそ——好きなだけ
納豆——2パック
かつお節、しょうゆ
——各適量
そば——200g

作り方
① モロヘイヤはゆでて水にさらし、ざる
に上げてしっかり水をきる。ねばりが
出るまで包丁で叩く。紫玉ねぎは薄切
り、青ねぎは小口切りにする。納豆も
細かく叩く。

② そばはゆでて水で締めてざるに上げ、
器に盛る。1の野菜と青唐辛子み
そ、納豆、かつお節をのせ、しょうゆ
を回しかける。

①

Point
ゆでたモロヘイヤは、包丁で叩くほどネバネバになる。

〔副菜〕 なすの梅酢ソテー

材料（2人分）

なす……3本
にんにく……1かけ
赤唐辛子（種は取る）……1本
甘酒（濃縮タイプ・自家製はP56）
　　……大さじ1
梅酢……小さじ2
植物油、しょうゆ、黒こしょう
　　……各適量

作り方

① なすは皮に切り込みを入れて一口大に切り、3％の塩水に浸水させる。にんにくは切り込みを入れる。

② フライパンに油とにんにくを入れて弱火で熱し、水気をきったなすを皮目を下にして焼く。赤唐辛子も入れる。

③ 甘酒を加えて焼き付け、少し焦げてきたら梅酢を加えてなすにからめ、しょうゆ、こしょうで味をととのえる。

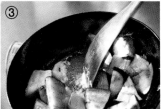

Point

甘酒は焦げやすいので、火加減に注意。

〔発酵薬味〕の混ぜ寿司

発酵薬味の混ぜ寿司

みょうがとしょうがの発酵薬味

薬味豆腐

体がさっぱりする、砂糖不使用の混ぜ寿司です。
発酵薬味を作っておけば、漬け汁が寿司酢になり、
薬味は刻んで混ぜたり、トッピングにと便利。

〔メイン〕発酵薬味の混ぜ寿司

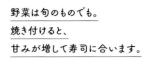

野菜は旬のものでも。
焼き付けると、
甘みが増して寿司に合います。

材料（2人分）
ご飯（白米または五分づき米）
　　──1合分
みょうがとしょうがの発酵薬味
　　──1/2量
発酵薬味の漬け汁──大さじ2
とうもろこし──1/2本
ズッキーニ──1/2本
枝豆──ひとつかみ
ちりめんじゃこ、いりごま──各適量
オリーブオイル──大さじ1

作り方
① 発酵薬味のしょうがは千切りにする。みょうがは飾りを残して細かく刻む。とうもろこしは実を外す。ズッキーニは1cm角に切る。枝豆は塩ゆでしてさやから出す。
② フライパンにオリーブオイルを熱し、ズッキーニを炒めて取り出す。次にとうもろこしを炒め、それぞれ塩適量をふっておく。
③ 炊きたてのご飯に漬け汁をかけ、しょうがとみょうが、いりごまを加えて混ぜる。ちりめんじゃこを散らし、2の野菜と枝豆をのせ、みょうがを飾る。

〔副菜〕薬味豆腐

材料（2人分）
豆腐（絹）──1丁
みょうがとしょうがの発酵薬味
　　──適量
しょうゆ、ごま油──各適量

作り方
みょうがとしょうがをみじん切りにして豆腐にのせ、しょうゆとごま油をかける。

みょうがとしょうがの発酵薬味

材料（作りやすい分量）
みょうが──100g
しょうが──50g
赤梅酢──100mℓ
みりん──100mℓ

保存の目安
冷蔵3週間

作り方
① みょうがは縦半分に切り、しょうがはスライスして保存容器に入れて熱湯を注ぐ。
② すぐにざるに上げ、水気をよくきる。
③ 小鍋にみりんを入れて中火にかけ、ふつふつしてきたら弱火にして2分加熱し、火を止めて梅酢を加える。
④ 保存容器に2を入れ、3を注ぐ。ラップを表面に貼り付けてからふたをして、冷蔵庫で保存する（翌日から食べられる）。

Point
熱湯に通すだけで、色鮮やかに漬けられる（右・熱湯に通したもの、左・生のまま漬けたもの）。

鯛と〔甘酒たくあん〕の押し寿司

鯛と甘酒たくあんの押し寿司⇨P52

菜の花のおすまし⇨P53

酢飯に砂糖を使わず、
甘酒たくあんの甘みを生かして作るのがポイント。
彩りがよく、ハレの日に集まるときのごはんにぴったり。

甘酒たくあん

ポリ袋1枚でできるかんたん漬け物。
そのまま食べてもポリポリとした食感と、
甘酒のまろやかな風味がやみつきに。

材料
干し大根——40g

A　甘酒（濃縮タイプ・自家製は
　　P56）——50g
　　酢——小さじ2
　　しょうゆ——小さじ2
　　塩——小さじ2/3
赤唐辛子（種を取る）——1本
細切り昆布——適量

Point
干し大根は、切り干し大根や割り干し大
根でも作れる。

保存の目安
冷蔵2週間

作り方

① 干し大根はボウルに入れてさっと洗ってから、10
〜15分浸水させる。

② 少し固い部分が残るくらいでざるに上げる（絞らな
いこと、100gほどになる）。

③ ポリ袋にAを入れ、唐辛子と昆布を加える。

④ 2を加えてかるくもみ、袋の空気を抜いてきつくし
ばって冷蔵庫で一晩寝かせる。

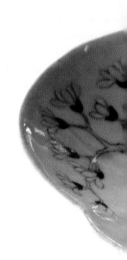

〔メイン〕鯛と甘酒たくあんの押し寿司

材料（2人分）
鯛の刺身——150g
七分づき米（または白米）——1合
甘酒たくあん——30g
みりん——大さじ3
レモン汁（または酢）——大さじ2
塩——小さじ1/2
いりごま、ラディッシュ、レモンの皮——各適量

作り方
① 小鍋にみりんを入れてごく弱火にかけ、沸騰したら1分ほ
   と加熱し、火を止めてレモン汁と塩を加えて混ぜ、寿司
   酢を作る。米をいつもより少なめの水加減で固めに炊き、
   熱いうちに寿司酢を混ぜ、冷ましておく。
② 鯛の刺身は薄切りにし、塩（分量外・小さじ1/3）をふって
   15分ほど置く。水分を拭き取り、バットにクッキングシート
   をしいて上に並べる。
③ 1の酢飯の半量を敷き詰め、細かく切った甘酒たくあん
   といりごまを散らし、残りの酢飯を重ねる。
④ ラップをして別のバットをのせてギュッと押し、しばらくなじ
   ませてから切る。好みでスライスしたラディッシュをのせ、
   レモンの皮を散らす。

鯛の刺身のほか、
サーモンや
ボイルえびなど、
色とりどりに
作ると華やかに。

〔汁もの〕菜の花のおすまし

材料（2人分）

菜の花——1/4束
昆布水（P27）——400㎖
かつお節——2パック（6g）
酒、薄口しょうゆ
　　——各大さじ1
塩——適量
青ねぎ、麩——適宜

作り方

① 菜の花はさっとゆでて、お椀に
　入れておく。

② 鍋に昆布水を沸かし、火を止め
　てかつお節を入れ、沈んだら一
　度ざるでこす。

③ 鍋に戻して酒と薄口しょうゆを加
　えて煮立たせ、塩で味をととのえ
　て1に注ぐ。好みで青ねぎや麩
　を入れる。

塩麹

どんな食材でも旨味アップ！驚くほどおいしくなる調味料

塩の代わりに、素材のおいしさを引き立たせる調味料として人気を集める発酵食・塩麹。市販のものも手に入りやすくなっていますが、材料は塩と麹だけなので、混ぜるだけで誰でもかんたんに、たっぷり作ることができます。

また温度を均一に保てるヨーグルトメーカーがあればさらにかんたんで、寝る前に仕込めば、翌朝にはとろみと甘みがしっかりしたタイプが完成。常温で作る場合、できるだけ清潔な状態を心がけること。何日も置いている間に水分が飛んで、麹が顔を出したら乾燥しないように水を加えるのがポイント。使い道は、問いません。野菜でも肉でも魚でも、さっと混ぜたり漬けると旨味が一段アップ。本書では唐揚げの下味、浅漬けの素、スープの素、グラタンのホワイトソースなどさまざまなレシピを紹介しています。

材料

米麹（乾燥）──200g
水──300g
塩──70g

Point

乾燥麹なら一年中手に入りやすく、同じ分量で作れるので便利。
生麹で作る場合は、水を少し減らしましょう。

保存の目安
冷蔵1か月

作り方

① 麹は細かく手でほぐし、清潔な保存容器に入れ、塩を加える。

② 水を加えてよく混ぜ合わせ、ふたをして常温に置く。

③ 1日1回よくかき混ぜる。常温で夏なら1週間、冬なら2週間くらいで完成。

ヨーグルトメーカーがあれば、すべての材料を容器に入れて60℃・6時間で差し水なしで作れる。

甘酒 濃縮タイプ

お米の自然な甘さで、味に奥行きを出してくれる

「飲む点滴」とも呼ばれ、健康効果も頼もしい甘酒は、とろみ・甘み・旨味を兼ね備えている優秀な調味料。

甘酒の種類は、主に白米と玄米があり、風味の違いが楽しめます。お菓子作りは白米のほうがクセが少なく、料理にはコクの深い玄米も重宝します。本書で使用する濃縮タイプの甘酒を作るには、ヨーグルトメーカーがおすすめ。甘く、濃く、なめらかなものが、ミキサーなしでかんたんに作れます。ヨーグルトメーカーがない人は、厚手の鍋にご飯と、分量より少し多めの水を入れて煮立て、60℃に冷まし、麹を入れて混ぜてください。タオルでくるんで保温をし、時々弱火にかけて60℃を保ち、完成後、ミキサーにかけます。

濃縮タイプなので、ドリンクとして飲みたい人は甘酒1に対し、水や炭酸2で割って。

材料

米麹（乾燥）──200g

ご飯（白米、五分づき米、玄米など）──200g

水──200g

Point

米麹は玄米麹にすることもできる。

保存の目安
冷蔵2週間

作り方

① ヨーグルトメーカーの容器にすべての材料を入れる。ご飯が炊きたてのときは粗熱を取ってから。冷やご飯はそのままでOK。

② 容器をしっかりとふってよく混ぜる。全体がよく混ざるよう、縦にしたり横にしたりしてしっかりふること。

③ ヨーグルトメーカーに入れ、60℃・6時間にセットする。途中、何度か容器を取り出し、ふたに打ち付けるように縦に強くふる。

④ 麹がつぶれてなめらかになったら完成。まだ粒が残るときはさらによくふって、ヨーグルトメーカーで保温する。

玄米みそ

手作りならではの、豆の粒感がおいしい。
ポリ袋で作れるかんたんレシピ

みそを手作りしたことはありますか？　みそがめに
みそ玉を投げて何キロも仕込む……というと少し
気合いが必要ですが、ポリ袋で気楽に作れる方
法を紹介します。

材料は、豆と塩、麹。どれも好みのものを選んで
かまいません。紹介している玄米麹は栄養価が
高く、コクがしっかり出ます。白米麹で作ると、ク
セのない味わいのおみそになります。

豆は大豆だとねたっとした重さが出て、ひよこ豆
はあんこのように口溶けのよい食感になります。
ゆでてつぶしたら、麹と塩をしっかり混ぜ、ゆで
汁を加えてもみ込むだけ。寝かす時間はかかりま
すが、最初の一口は驚くおいしさです。

レシピは完成量が500gなので、市販のみそ1パッ
クと同じくらい。何種類か作り分けるのも楽しいで
すね。

材料（出来上がり量500g）

大豆またはひよこ豆（乾燥）——100g

塩——50g

玄米麹（乾燥）——150g

保存の目安
冷蔵1年

Point

玄米麹の代わりに、白米麹で作ると普通の米みそになる。

作り方

① 大豆は鍋で丸1日浸水させ、水を替えて火にかけ、やわらかくなるまでゆでる（ゆで汁は取っておく）。

② 熱いうちにポリ袋に入れ、コップの底などでよくつぶす（マッシュポテトくらい）。

③ 別のポリ袋に米麹と塩を入れ、空気を入れて口をねじってよくふる。

④ 麹がまんべんなく塩で包み込まれればOK（塩きり麹）。

⑤ 4の袋に、2のつぶした大豆を入れる。

⑥ 合計500gになるように、ゆで汁を加える。

⑦ ムラがないように、両手で袋をよくもむ。空気を抜いてきつくしばり、常温で3か月ほど置く。

⑧ ときどき袋の口を開け、よくもんできつくしばり直す。ふきんなどできつく包むとなおよい。

⑨ 一口食べてみて、好みの発酵状態になったら保存容器に移し、冷蔵庫で保存する。

ひよこ豆の**白みそ**

マイルドで甘みがあり、料理に使いやすい

なめらかで、麹の甘さをしっかり感じられるのが白みその魅力。あまり発酵させる必要もないので、もはや「豆入りの塩麹」と感じるほどです。日を待たずに食べれるので、初めてみそ作りする人にも最適ですね。

みそ独特の香りを抑え、色を薄く仕上げたいので、玄米麹より白米麹を選ぶのがおすすめ。豆は大豆やひよこ豆のほか、白いんげん豆でもおいしく作れます。

ヨーグルトメーカーなら、60度・8時間であっという間に作れてしまいます。

塩分濃度が低く、普通のみそよりクセが少ないので、使い道もいろいろあります。定番のみそ汁のほか、スパイスを効かせた洋風スープに入れたり、野菜のディップ、魚の漬け床と本書でも多く登場します。

材料（出来上がり量550g）
ひよこ豆または大豆（乾燥）──100g
塩──35g
米麹（乾燥）──200g

Point
よりなめらかにしたいときは、3で麹、塩、ぬるま湯を加えてフードプロセッサーにかける。

作り方

① ひよこ豆は鍋で丸1日浸水させ、水を替えて火にかけ、やわらかくなるまでゆでる。

② ざるに上げ、指の先でひよこ豆を転がして皮を取り除く。かんたんに外れてボロボロ取れる。

③ まだ温かいうちにポリ袋に入れ、コップの底などでよくつぶす（マッシュポテトくらい）。

④ 別のポリ袋に米麹と塩を入れ、空気を入れて口をねじってよくふる。

⑤ 4の袋に、3のつぶしたひよこ豆を入れる。

⑥ 合計550gになるように、人肌のぬるま湯を加える。

⑦ ムラがないように、両手で袋をよくもむ。空気を抜いてきつくしばり、常温で春夏は1週間、冬は3週間ほど置く。

⑧ ときどき袋の口を開け、よくもんできつくしばり直す。ふきんなどできつく包むとなおよい。

⑨ 一口食べてみて、好みの発酵状態になったら保存容器に移し、冷蔵庫で保存する。

昔ながらのしょっぱいみそ

4年前に仕込んだみそ。少し黒っぽくなっています。

玄米みそ、米みそ、白みそ……。どれも捨てがたく、使いみちもさまざまですが、もしも「たったひとつだけ、みそを作るならどれ?」と言われたら、私は昔ながらのしょっぱい「辛口みそ」を作ります。

今は、豆よりも麹のほうが多い「甘口みそ」が大人気で、手作りみその主流でもありますが、しょっぱいみそにも、いいところがたくさんあるんです。

まず、常温に置いてもカビが生えにくく、管理の手間があまりかかりません。放っておくだけでみそになってくれますし、日持ちもします。

そして、たんぱく質が多めなので、栄養価が高く、それだけでご飯のおかずにもなります。辛口みそをぬった、みそおにぎりのおいしさと言ったら! 麹の多いみそと違って、みそがふにゃふにゃになったり、ご飯がボソボソになったりしないのです。

時間が経ちすぎて黒っぽくなってしまったものは、炒めものや、みそだれなどにするとおいしいですし、次のみそを作るときの「種みそ」にもなります。

新しくみそを作るとき、ほんの少しこのみそを混ぜておくと、発酵がよくなってカビにくくなるんです。

もう少し甘みが欲しいというときも、濃縮タイプの甘酒があれば困りません。辛口みそに甘酒を少し混ぜれば普通のみそに、たっぷり混ぜれば甘口みそと同様に使えます。

ちなみに、辛口みその割合は、豆と麹が1対1、海塩は豆の半分です。つまり豆100gなら麹も100g、海塩は50gになります。

Part 2

秋冬の発酵定食

寒くなると、発酵の力をよりいっそう感じやすくなります。
汁ものや煮込みなら体の芯まで温めてくれ、免疫も高まって不調しらずに！
根菜やきのこがおいしくなる季節に
ぴったりの12の発酵献立をお届けします。
ストックを作りおきしたら、好みのアレンジを広げてみてくださいね。

豆腐そぼろの〔ピリ辛ビビンパ〕定食

4種の野菜ナムル⇨P67

豆腐としいたけの甘酒そぼろ⇨P66

ねぎの白いスープ⇨P66

ひき肉の代わりに豆腐を使った、ヘルシーそぼろは何かと重宝します。
野菜はナムルにすればご飯とも相性抜群。
スープも甘酒がいい仕事をしてくれます。

甘酒コチュジャン

たった3つの材料ででき、
白崎茶会でも定番のストック。
野菜につけたり、
炒めものをピリッと仕上げたり、
鍋やスープにも。
にんにくやしょうがを入れてもおいしい!

材料
甘酒(濃縮タイプ・自家製
　はP56)──100g
塩──10g
一味唐辛子──5〜10g

保存の目安
冷蔵2か月

作り方

①
容器に塩と一味唐辛子を入れ、塩を
つぶしながらよく混ぜる。

②
甘酒を加え、なめらかになるまでよく混
ぜる。

③
ふたをし、常温で一晩寝かせる。固
くなったら完成。(左・混ぜたばかり、
右・一晩寝かせたもの)

Point
ムラがあると日持ちが悪くなるので、よく混ぜるとよい。

➡たれのベースに
塩分と辛味がしっかりあるので、他の調
味料と混ぜるとバシッと味が決まります。
マヨネーズと和えるとピリッとおいしい。

➡麺料理の"味変"に
焼きそばやそうめんなど、マンネリしがちな
麺にちょっとのせるのもおすすめ。パスタ
の仕上げに、ゆで汁に少し入れるとソー
スが乳化しやすくなります。

➡トマト味のスープ
ミネストローネなどトマトベースのスープに
入れると、すっぱ辛くなって深みが出ます。
魚介やきのことも相性がよい。

〔メイン〕 豆腐としいたけの甘酒そぼろ

材料（2人分）

豆腐（木綿）……1丁（300g）
しいたけ……2〜3枚
にんにく……1かけ
ごま油……大さじ1と1/2
甘酒（濃縮タイプ・自家製はP56）、
　　しょうゆ、みそ……各大さじ1
甘酒コチュジャン……少々

作り方

① しいたけとにんにくはみじん切りにする。豆腐はふきんに包み、ギュッと絞って水気をきる。

② フライパンにごま油とにんにくを入れて熱し、香りが立ったらしいたけを加えてよく炒める。豆腐を加え、そぼろ状になるまでよく炒め、調味料を加えて水気がなくなるまで炒める。ご飯の上に盛り、ナムルと甘酒コチュジャンをのせる。

Point

豆腐はしっかり炒めることで、弾力が出て食べごたえのあるそぼろになる。

〔汁もの〕 ねぎの白いスープ

材料（2人分）

ねぎ（白い部分）……1本分
A　昆布水（P27）……300mℓ
　　甘酒（濃縮タイプ・自家製はP56）……小さじ2
　　塩……小さじ1/2
豆乳……100mℓ
塩、こしょう……各適量

作り方

① ねぎは斜め薄切りにする。

② 鍋にAとねぎを入れて中火にかけ、沸騰したらアクを取りながら2分ほど加熱し、豆乳を加えて温める。塩、こしょうで味をととのえる。

［副菜］4種の野菜ナムル

大根

材料（2人分）
大根——200g
塩——小さじ1
A｜すりごま——大さじ1
　｜ごま油——小さじ2
　｜酢——小さじ1

作り方
大根は千切りにしてボウルに入れ、塩をふって15分以上置いたら水気を絞る。Aを加えて混ぜ、塩で味をととのえる。

にんじん

材料（2人分）
にんじん——1/3本
塩——ふたつまみ
A｜すりごま——小さじ2
　｜ごま油——小さじ1
　｜酢——小さじ1強
　｜甘酒（濃縮タイプ・自家製はP56）——小さじ1

作り方
にんじんは千切りにしてボウルに入れ、塩をふって15分以上置いたら水気を絞る。Aを加えて混ぜ、塩で味をととのえる。

豆もやし

材料（2人分）
豆もやし——1/2袋（120g）
塩——小さじ1/2
A｜すりごま——小さじ2
　｜ごま油、酢——各小さじ1
　｜しょうゆ——小さじ1/2
　｜にんにく（すりおろし）——少々

作り方
小鍋に水200㎖ほど入れて沸かし、豆もやしと塩を入れてふたをして中火で5〜6分加熱する。ゆで汁を捨ててさらに中火にかけ、水分を飛ばす。Aを加えて混ぜ、塩で味をととのえる。

ほうれん草

材料（2人分）
ほうれん草——1/2束
塩——小さじ1/3
A｜すりごま——大さじ1
　｜ごま油——小さじ2
　｜しょうゆ——小さじ1/2
　｜にんにく（すりおろし）
　｜——少々

作り方
ほうれん草はさっと湯がいて水にさらし、水気をきって3㎝幅に切る。ボウルに入れ、塩をふって10分以上置いたら水気を絞る。Aを加えて混ぜ、しょうゆで味をととのえる。

もちきびごはん

玄米みその根菜汁

コロコロ野菜のみそ漬け

根菜をたっぷりいただく、野菜づくしの献立。
手作りのみそでおいしく胃腸もいたわります。
ぬか床いらずのみそ漬けもお手軽。

〔メイン〕玄米みその根菜汁

材料（4人分）
大根……150g
にんじん……1/2本
里いも……3個
れんこん……1/2節
玉ねぎ……1/2個
油揚げ……2枚
ごま油……大さじ1
昆布水（P27）……1ℓ
塩……小さじ1/2
玄米みそ（自家製はP58）
　……大さじ3
青ねぎ（小口切り）、
　青菜（ゆでる）……各適量

作り方
① 具材は食べやすく切る。里いもは塩少々（分量外）をふって、ぬめりを洗い流す。
② 鍋にごま油と野菜を入れてよく炒め、一旦火を止めて塩を加え、水分が出てくるまで10分以上置く。
③ 昆布水を注ぎ火にかけ、沸騰したらアクを取り、野菜に火が通るまで弱火で煮る。
④ 油揚げを加え、玄米みそを溶いて器に盛る。青ねぎと青菜をのせる。

②  ③  ④

〔ご飯〕もちきびごはん

材料（2人分）
五分づき米……1合
もちきび……大さじ1
塩……ひとつまみ

作り方
① 鍋に米ともちきびを入れて洗い水気をきり、いつも通りの水加減に大さじ1を足して浸水させる。
② 強火にかけて沸騰したら塩を加えて弱火にし、ふたをして15分加熱する。火を止めて15分蒸らす。

①

〔副菜〕コロコロ野菜のみそ漬け

材料（作りやすい分量）
大根、にんじん
　……合わせて150g
玄米みそ（自家製はP58）
　……小さじ2
塩……小さじ1/3
酢……小さじ1/2

作り方
① 大根は1.5cm角、にんじんは1cm角のサイコロ状に切る。
② ポリ袋にすべての材料を入れてよくもむ。15分ほど置いて、水気をきる。

②

ぶりの〔粕漬け〕定食

野菜の粕漬け⇨P73

ぶりの粕漬け焼き⇨P72

豆もやしの粕床スープ⇨P73

旨味とコクをぐんと引き出してくれる酒粕。
存在感ある発酵食材を、使い勝手のよい漬け床にして魚や野菜、
そして汁ものまで作れる3品を紹介します。

粕床

みりんで甘みをプラスし、
みそや昆布で旨味を出した
酒粕の漬け床。
好みの魚、いかやえびもおすすめ。

材料（作りやすい分量）
酒粕──200g
白みそ（自家製はP60）──100g
みりん──50〜70g
塩──小さじ1
赤唐辛子（輪切り）──1〜2本分
細切り昆布──適量

保存の目安
冷蔵1か月

作り方

① ボウルに酒粕とみりんを入れ、かるく混ぜてふや
かしておく。

② 泡立て器やヘラでよく混ぜる。

③ 白みそと塩を加えて、さらによく混ぜる。

④ 赤唐辛子と昆布をさっと混ぜ、保存容器に移す。

Point
水分をしっかり抜いた野菜なら、繰り返し使える。魚を漬けたら使い回せないが、スープなどに使うと無駄がない。

手作りの粕漬けは、
一度作ると
やめられない
抜群のおいしさ。

〔メイン〕 ぶりの粕漬け焼き

材料（2人分）
ぶり（切り身）……2切れ（200g）
かぼちゃ、ピーマンなど……適量
粕床……大さじ5
塩……少々

作り方
① ぶりは塩をふって30分ほど置き、水分を拭き取る。ラップに粕床をのばしてぶりをのせ、表面も粕床で覆って包む。冷蔵庫で一晩〜3日寝かせておく。
② 野菜は食べやすく切る。1は粕床をこそげ取る（スープに取っておく）。弱火に熱したフライパンにそれぞれ入れて両面焼く。

Point
魚や肉を漬けるときは、漬け床に直接入れずにラップなどに取って包むとよい。

〔副菜〕野菜の粕漬け

材料（作りやすい分量）

大根──1/4本 　　粕床──全量
きゅうり──2本 　　塩──重量の2％
にんじん──1本

作り方

① 野菜は食べやすい大きさに切り、塩をふって少し置き、水分をよくきる。

② 保存容器に粕床を入れ、1を一晩〜1週間ほど漬ける。

Point

・長く漬けておくと、奈良漬けのような風味に仕上がる。
・粕床をぬぐわずに、そのまま薄くスライスして食べてもおいしい。

〔汁もの〕豆もやしの粕床スープ

材料（2人分）

豆もやし──1袋（200g） 　　塩──適量
にんにく（みじん切り）──1かけ分 　　水──400mℓ
粕床（ぶりの粕漬けの残り）──大さじ5くらい 　　ごま油──大さじ1

作り方

① 小鍋にごま油とにんにくを入れて弱火にかけ、香りが立ったら豆もやしを加える。中火にして透明感が出るまで炒める。

② 粕床を加えてさっと混ぜ、水を注いで沸騰したらアクを取って弱火で5分加熱する。塩で味をととのえる。

かきの〔酒粕〕クリーム煮定食

パプリカの梅酢マリネ⇨P77

かきの酒粕クリーム煮⇨P76

酒粕の濃厚なコクを生かした、体温まる煮込み。
ご飯にかけたり、パンを添えてもおいしい。
副菜の友には、さっぱりとした梅酢が効いたマリネを合わせました。

酒粕ペースト

体を温めてくれる酒粕を料理に使いやすくしたストックです。ダマにならず溶けやすくしました。塩が入っているので酒粕より保存がきくのも嬉しいところ。

材料（作りやすい分量）
酒粕──200g
塩──大さじ1
植物油──小さじ2

保存の目安
冷蔵3か月／冷凍1年

作り方

① ポリ袋に酒粕と塩を入れる。

② なめらかになるまでよくもむ。酒粕がかたい場合は日本酒小さじ1〜（分量外）加える。

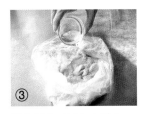

③ 油を加え、さらによくもむ。

④ ペーストがひとまとまりになったら、袋の空気を抜いてきつくしばるか、密閉保存容器に入れて冷蔵庫で保存する。

➡煮込み料理の隠し味に
いつもの味に慣れたときに、シチューやカレーに少しだけ入れると、奥行きのあるコクが生まれます。

➡ほっこり粕汁
魚や好みの根菜を入れて、みそを酒粕ペーストに代えて溶くだけ。体の芯まで温まる、冬の汁物にぴったり。

➡減塩メニューに
塩分はひかえめながら、しっかりとした風味があるので減塩したい人にもおすすめ。好みの肉や魚、野菜で炒めるだけでも絶品です。

〔メイン〕 かきの酒粕クリーム煮

フレッシュな
酒粕の風味が
鼻に抜ける。
しっかり味で
ご飯にもぴったり。

材料（2人分）

生がき——200g（10個くらい）
玉ねぎ——1/4個
にんじん——1/3本
ブロッコリー——6房
マッシュルーム——6個
にんにく——1かけ
酒粕ペースト——50g
水——300mℓ
豆乳——200mℓ
片栗粉——大さじ2〜3
植物油——大さじ2
塩、こしょう——各適量
ご飯、パセリ——各適量

代用：酒粕ペースト ⇨ 白みそ 同量

作り方

① 玉ねぎはくし形切り、にんじんは5mm厚さの輪切りか半月切り、にんにくは薄切り、マッシュルームは厚めにスライスする。かきは片栗粉（分量外）をまぶしてよく洗ってざるに上げ、水気をよく拭き取って片栗粉をまぶす。

② 鍋に油とにんにくを入れて弱めの中火で熱し、かきを加えてこんがりするまで焼いて一旦取り出す。

③ 2の鍋に玉ねぎ、にんじん、マッシュルームを加えてさっと炒め、水を注いで煮立ったらアクを取る。酒粕ペーストを溶き入れ、ふたをしてにんじんがやわらかくなるまで10分ほど煮る。

④ 豆乳と2のかきを加えて煮立て、塩、こしょうで味をととのえる。ブロッコリーを加えてさっと火を通し、皿にご飯と盛り、パセリをふる。

② ③

〔副菜〕パプリカの梅酢マリネ

材料（2人分）
パプリカ（赤・黄）──100g
梅酢──小さじ2
甘酒（濃縮タイプ・自家製は
　P56）──小さじ1

作り方
パプリカは一口大に切
る。ポリ袋にすべての材
料を入れてかるくもみ、
15分以上置く。

見た目も鮮やかな、パエリアやピラフのようなうれしいご飯もの。
きのこや野菜たっぷりの副菜＆スープとどうぞ。
ターメリックがなければ、和風の炊き込みご飯にしても。

青菜のきのこ和え⇨P81

きのこのゆで汁スープ⇨P81

きのことかきのターメリックライス⇨P80

きのこの〔塩麹漬け〕定食

きのこの塩麹漬け

ゆでたきのこと
塩麹を混ぜるだけで、
困ったときに重宝する一品に。
パスタや野菜と和えたり、
何にでも合います。

材料（作りやすい分量）
好みのきのこ（しいたけ、えのき、
　まいたけなど）──合わせて300g
塩麹（自家製はP54）──大さじ3（60g）
水──500mℓ

保存の目安
冷蔵1週間

作り方

① 小鍋に水を入れて沸かし、きのこを入れて強火のまま箸で押さえるようにしてゆでる。

② ふつふつしてきたらアクを取りながら2分加熱する。

③ ざるに上げ、15分以上置いてしっかり水切りをする（ゆで汁はスープに取っておく）。きのこのゆで上がりは280gほど。

④ ボウルに3と塩麹を入れてよく混ぜ、保存容器に入れる。

Point
ゆで汁を少なくして濃く作ることで、あとでたっぷり水を注いでアクを取ることができ、おいしいスープになる。

→そのままおいしい
ごま油をたらして食べたり、大根おろしと一緒にさっぱりとした小鉢にしても。

→スープの素になる
小鍋に水と入れて一煮立ちさせれば、立派なスープに。しょうゆで仕上げて和風に、ローリエとオリーブオイルで洋風、ごま油で中華風に。

→きのことトマトソース
フライパンにオリーブオイルとトマト缶を入れ、きのこの塩麹漬けを加えて煮立てるだけ。忙しい日のパスタソースになります。

きのこの塩麹漬けは
上にのせて炊くこと。
混ぜると、
塩麹が焦げつき
やすくなります。

〔メイン〕 きのことかきのターメリックライス

材料（2人分）

米──1合
生がき──4個
玉ねぎ──1/8個
にんにく──2かけ
きのこの塩麹漬け──150g
水──200mℓ
ターメリック──小さじ1/8
オリーブオイル──大さじ1
パセリ（みじん切り）──少々

作り方

① 玉ねぎとにんにくはみじん切りにする。かきは塩水で洗って水気を拭き取る。米は洗ってざるに上げておく。

② 鍋にオリーブオイルと玉ねぎ、にんにくを入れて熱し、香りが立ったらかきを加え、さっと焼いたら一旦かきを取り出す。

③ 米を加え、透明感が出るまで炒め、水とターメリックを加えて強火にする。沸騰したらきのこの塩麹漬けとかきをのせ、ふたをして弱火で12分加熱する。火を止めて15分ほど蒸らし、器に盛りパセリをふる。

〔汁もの〕 きのこのゆで汁スープ

材料（2人分）
玉ねぎ、にんじん、大根、
　ピーマン──合わせて200g
きのこのゆで汁──全量
昆布──5cm角1枚
しょうゆ──大さじ1
酒──大さじ2
塩、こしょう──各少々

作り方
① 野菜はすべて5mm角のみじん切りに
　する。
② 小鍋にきのこのゆで汁を沸かし、汲み
　たての水100ml（分量外）を高いとこ
　ろから注いで強火にする。アクをしっ
　かり取る。
③ 野菜と昆布を加えて加熱し、調味料
　で味をととのえる。

Point
沸騰したゆで汁に高いところから水を注ぐと、アクが浮きやすくなる。

〔副菜〕 青菜のきのこ和え

材料（2人分）
小松菜などの青菜──1/2束
きのこの塩麹漬け──適量
酢──少々

作り方
① 小松菜はさっとゆでて、食べやす
　い長さに切る。きのこの塩麹漬け
　は細かく刻む。
② 器に小松菜を盛り、きのこの塩麹
　漬けをのせ、酢をかける。

青菜の古漬け炒め⇒P84

納豆

もちきびごはん⇒P69

サバ缶と大根の粕汁⇒P85

〔青菜漬け〕の炒めもの定食

寒い季節に旬を迎える青菜を漬けて、
メインのおかずになるように考えた定食です。
酒粕入りのみそ汁と納豆で、発酵食ならではのデトックス効果も期待できます。

青菜漬け

青菜がおいしい季節に
たくさん作って保存食に。
高菜や野沢菜の漬物のように、
古漬けも楽しめます。
漬けるほど少しずつ
酸味のある味わいに。

材料（作りやすい分量）
ちんげん菜──4株（500g）
　（または小松菜2束）
塩──大さじ1（青菜の3％）
昆布──適量
赤唐辛子（種は取る）──1本

保存の目安
冷蔵3週間

作り方

① 青菜はよく洗い、根元の部分に切り込みを入れて手で二つに割る。少ししんなりするまで2〜3時間ほど天日干しする（または半日ほど日陰干し）。

② 葉の一枚一枚に行き渡るように塩をすり込み（根元は多めに）、塩が溶けてしんなりするまで1時間ほど置く。

③ かるく手でもんでから（水は捨てない）、保存容器に隙間なく詰め、間に昆布や唐辛子を入れる。上からラップをしてギュッと押す。

④ 上から重し（青菜の2倍以上の重量）をのせて半日ほど置く。水が出てきたら重しを取り、ふたをして冷蔵庫の野菜室で寝かせる。2〜3日で浅漬けとして食べられる。

<u>Point</u> 青菜は干すことでかさが減って漬けやすくなる。

➡そのままおいしい
食べやすく切って、おかかやすりごまをのせて。火を使わずにさっと作れるのが便利です。

➡チャーハンの具に
細かくみじん切りにして、ごま油、ご飯と一緒に炒めて。止まらないおいしさです。

➡納豆に混ぜて
ねぎのみじん切りの代わりに、刻んだ青菜漬けを混ぜて一緒に食べるとご飯泥棒になります。

〔メイン〕青菜の古漬け炒め

ご飯はもちろん、
ラーメンに入れたり、
そうめんの友に
しても最高です。

①

②

②

材料（2人分）

青菜漬け（古漬け）──100g
にんにく（みじん切り）──1/2かけ
赤唐辛子（輪切り）──1/2本分
いりごま──大さじ1/2
しょうゆ、みりん──各適量
ごま油──大さじ1

Point

粉かつおを混ぜてもおいしい。

作り方

① 青菜漬けはみじん切りにし、かるく水に
　さらしてよく絞る。
② フライパンにごま油、にんにく、赤唐辛子
　を入れて弱火にかけ、香りが立ったら
　1を加えてさっと炒める。
③ しょうゆとみりんで味をととのえ、ごまを加
　えてさっと混ぜる。

〔汁もの〕 サバ缶と大根の粕汁

材料（2人分）
サバ缶（水煮）──1缶
大根──150g
にんじん──1/4本
酒粕ペースト（P75）
　──50g
水──400ml
ごま油──小さじ1
しょうが（すりおろし）
　──適量

作り方

① 大根とにんじんは5mm厚さのいちょう切りに
　する。
② 小鍋にごま油と1を入れて火にかけ、さっ
　と炒めたらサバ缶を汁ごと加え、酒粕ペー
　ストを加える。
③ 水を加えて煮立て、浮いてきた油とアクを
　取り、ふたをして弱火で10分加熱する。器
　に盛り、しょうがをのせる。

めかじきの〔辛みそ〕レタス巻き定食

さっと焼いたお魚に、みそと甘酒で作った
ピリ辛だれをつけて召し上がれ。
どれも5〜10分で作れるので、
忙しい日の晩ごはんにもいかがですか?

めかじきの辛みそレタス巻き⇒P88

きゅうりのサラダ⇒P89

かんたん辛みそだれ

麦ごはん⇒P88

オクラの辛みそスープ⇒P89

かんたん辛みそだれ

発酵ストック同士を
混ぜ合わせるだけ。
みそは玄米みそでもおいしい。
時間が経つと一段とコクが増して
もっとおいしくなります。

保存の目安
冷蔵3週間

材料（作りやすい分量）
みそ（自家製はP58）──100g
甘酒コチュジャン
　（自家製はP65）──50g
甘酒（濃縮タイプ・
　自家製はP56）──60g
ごま油──大さじ2
すりごま──大さじ1
にんにく（すりおろし）
　──1/2かけ

作り方

① ボウルにすべての材料を入れる。

② よく混ぜ、保存容器に移す。

➡下味にもみ込んで
コチュジャンより辛くない、ヤンニョム風の
たれなので、肉や魚をもみ込んで焼くと
おいしいです。

➡生野菜ディップ
よく冷やしたキャベツやきゅうりをからませ
ると、箸が止まりません。手巻き寿司に
のせても。

➡バーベキュー料理に
焼いたえびやいか、かきなどの魚介や、
焼きしいたけ、焼き野菜におすすめ。シ
ンプルな料理にぴったりです。

〔メイン〕 めかじきの辛みそレタス巻き

材料（2人分）
めかじき（切り身）──2切れ
塩、オリーブオイル──各適量
サニーレタス、大葉、
　　玉ねぎ（スライス）など
　　　　　──好きなだけ
かんたん辛みそだれ──適量

作り方
① めかじきは塩をふって10分ほど置き、水分を拭き取って一口大に切る。
② フライパンにオリーブオイルを熱し、めかじきを入れて弱めの中火で両面こんがりと焼く。器に野菜と一緒に盛り、かんたん辛みそだれをつけて食べる。

〔ご飯〕 麦ごはん

材料（2人分）
米──1合
押し麦──大さじ2

作り方
① 米は洗って鍋に入れ、水をいつもの水加減より大さじ2ほど多く入れる。小さめのボウルに雑穀を入れ、水をたっぷり注ぐ。どちらも30分以上浸水させる。

② 押し麦の水をよくきって米に加えてひと混ぜし、いつも通りに炊く。

〔副菜〕 きゅうりのサラダ

材料（2人分）
きゅうり……1本
レモン汁……小さじ1/2
塩、すりごま……各少々
ごま油……小さじ1

作り方
① きゅうりは塩をふって板ずりする。へたを落とし、断面をこすり合わせてアクが出たら水でさっと流す。縦二つに切って薄切りにする。
② ボウルに1を入れ、レモン汁とごま油で和える。塩で味をととのえ、すりごまをふる。

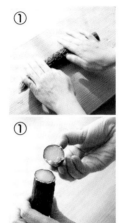

〔汁もの〕 オクラの辛みそスープ

材料（2人分）
オクラ……1パック
昆布水（P27）……400mℓ
かんたん辛みそだれ……小さじ2
しょうゆ……適量

作り方
① オクラは小口切りにする。
② 小鍋に昆布水と辛みそだれを入れて中火にかける。沸騰したらアクを取り、オクラを加えて火を止める。しょうゆで味をととのえる。

サバの〔ぬか炊き〕定食

サバのぬか炊き

小松菜のぬか漬け

さつまいもごはん

大根とにんじんの白みそ豆乳汁

ぬかの使い道は漬物だけではありません。
クセのある青魚をぬかみそで炊けば、
みそ煮よりさっぱりした味わいに。

〔メイン〕 サバのぬか炊き

材料（4人分）

サバ（二枚おろし）
　　—1尾分（350〜400g）
しょうが—1かけ（15g）
A　しょうゆ—大さじ2〜3
　　みりん、酒—各大さじ4
ぬかみそ（ぬか床のぬか・P25）—50g
水—200mℓ

作り方

① サバは骨の部分など汚れを水で洗い、半分に切って皮に切り込みを入れる。しょうがは薄くスライスする。

② 鍋にAとしょうが、水を入れて煮立たせ、皮目を上にしてサバを入れる。

③ 再度沸騰したら弱火にしてアクを取り、クッキングシートなどで落としぶたをして10分煮る。

④ ぬかみそを加え、煮汁を回しかけながら10分ほど煮る。

<u>Point</u>　火を止めて冷ます間に味がしみ込む。冷蔵庫に作りおきしておいてもおいしい。

〔副菜〕 小松菜のぬか漬け

材料（2人分）

小松菜—1束
赤唐辛子（輪切り）
　　—1/2本分
ぬかみそ（ぬか床のぬか）
　　—適量
ごま油—少々

作り方

① 小松菜は根元を落とし、二等分の長さに切る。

② ポリ袋に1と唐辛子、ぬかみそを入れてかるくもみ、空気を抜いて口を閉じ、半日ほど置く。

③ ぬかを洗い流し、水気をきって食べやすく切る。器に盛り、ごま油を回しかける。

〔ご飯〕 さつまいもごはん

材料（2人分）

米—1合
さつまいも—100g
酒—大さじ1/2
塩—小さじ1/3
昆布—適量
いりごま—適量

作り方

① 米は洗って鍋に入れ、いつもの水加減にする。さつまいもは皮ごと1cm角に切って水に15分以上さらし、ざるに上げる。

② 鍋にさつまいもと酒、塩、昆布を入れ、いつも通りに炊く。茶碗に盛り、ごまをふる。

〔汁もの〕 大根とにんじんの白みそ豆乳汁

材料（2人分）

大根、にんじん—合わせて200g
白みそ（自家製はP60）—大さじ2
昆布水（P27）—400mℓ
豆乳—50mℓ
塩—適量
植物油—小さじ2

作り方

① 大根とにんじんは拍子切りにする。

② 小鍋に油と1を入れて弱火にかけ、さっと炒めたら昆布水を注ぐ。沸騰したらアクを取り、野菜がやわらかくなるまで煮る。

③ 白みそを豆乳で溶き入れ、沸騰直前で火を止める。塩で味をととのえる。

代用：酒粕ペースト ⇨ 白みそ 同量

〔テンペ〕の照り焼きマヨネーズ定食

テンペの照り焼き⇨P94

玄米ごはん

お湯かけ梅とろろ汁⇨P95

「テンペ」を食べたことありますか？　大豆の発酵食品で、
食べごたえがあってクセも少なく、お肉のように使えます。
甘辛い照り焼きでからめると、ご飯がすすむこと間違いなし！

発酵マヨネーズ

卵を使わずに作る、
しっかりコクうまの
自家製マヨネーズです。
甘酒と梅酢が味の決め手。

材料（作りやすい分量）

甘酒
　（濃縮タイプ・自家製はP56）──40g
豆乳──20g
梅酢──20g
　（または酢
　　　──大さじ1と1/2＋塩小さじ1/2）
植物油──100g

保存の目安
冷蔵2週間

作り方

① ボウルに甘酒と豆乳を入れてヘラでさっと混ぜ、梅酢を加えてすぐにブレンダーでかくはんする。

② 油半量を少しずつ加え、ブレンダーでさらにかくはんする。

③ かたくなってきたら残りの油をすべて入れ、しっかりかくはんさせる。

④ このくらいに乳化したら完成。

➡サンドイッチに
ツナマヨを作って、食パンにきゅうりとはさむとおいしいです。

➡えびマヨネーズ
甘酒コチュジャン（P65）と混ぜ、ゆでたえびに和えるだけ。

➡タルタルソース
好みの野菜のみりんピクルス（P39）のみじん切りを混ぜると、フライ、揚げものにぴったりのタルタルができます。

〔メイン〕 テンペの照り焼き

材料（2人分）

テンペ──2枚（200g）
みりん──大さじ4
しょうゆ──大さじ1と1/3
片栗粉（または米粉）
　　──適量
植物油──適量
レタス、ミニトマト、きゅうり、
　　アボカドなど──適量
発酵マヨネーズ──適量

作り方

① テンペは一口大に切り、さっと水でぬらして片栗粉をまぶす。

② フライパンに油を熱し、テンペを入れて両面焼いて一旦取り出す。

③ フライパンにみりんを入れて中火にかけ、沸騰したら弱火にして煮詰める。とろみが出てきたらしょうゆを加え、2のテンペを戻してからめる。皿に盛り、野菜と発酵マヨネーズを添える。

①

大きめに切るのが、
満足感を出すポイント。
油でカリッと焼くと、
甘辛だれが
よくからみます。

③

Point

みりんをしっかり煮立たせることで、
とろみがついて香ばしくおいしくなる。

〔汁もの〕 **お湯かけ梅とろろ汁**

材料（1人分）
梅干し──1個
とろろ昆布──適量
しょうゆ──数滴
熱湯──150〜200mℓ

作り方
お椀に梅干しを入れて熱湯を注ぎ、梅干しをくずす。とろろ昆布を入れ、しょうゆをたらして味をととのえる。

［チーズ豆腐］のサラダ定食

いつもの豆腐をチーズのような風味と食感に変身させる、
ちょっと驚きのレシピです。
塩麹で旨味がアップしたかぼちゃのポタージュもほっと温まります。

チーズ豆腐のサラダ

かぼちゃの塩麹ポタージュ

塩麹のチーズ豆腐

豆腐を塩麹で漬けると、
まるでフェタチーズのような味わいに。
おかかとごま油、しょうゆをかけて、
和風で食べてもおいしい。

材料（作りやすい分量）

豆腐（木綿）
——1丁（300g）
塩麹（自家製はP54）
——大さじ4

代用：

塩麹 ⇒ 酒粕ペースト 大さじ8

作り方

① 容器にラップをしいて豆腐を入れる。

② 上から重しをのせ、冷蔵庫で一晩置く。

③ 水をきって重しを増やし、200gくらいになるまでさらに水きりをする。

④ 3を4等分に切り、ラップにのせて塩麹を大さじ1ずつぬって包む。保存容器で寝かせ、翌日から食べられる。2、3日置くと味が深くなる。

保存の目安
冷蔵1週間

①

③

③

④

〔メイン〕チーズ豆腐のサラダ

材料（2人分）

塩麹のチーズ豆腐 ——2個（1/2丁分）
レタス、アボカド、ミニトマト、りんご、
　紫玉ねぎなど——各適量
黒オリーブ——4〜6個
レモン——1/2個
オリーブオイル、粗びき黒こしょう、
　オレガノ（ドライ）——各適量
好みのパン——適量

作り方

① チーズ豆腐は1cm角に切る（塩麹はぬぐってもそのままでもよい）。野菜と果物は角切りにする。レタスは手でちぎり、紫玉ねぎは薄切りにして水にさらす。

② 皿にレタスをしき、野菜と果物、チーズ豆腐をのせる。オリーブオイルを回しかけ、オレガノとこしょうをかけ、パンを添える。

①

〔汁もの〕かぼちゃの塩麹ポタージュ

材料（2人分）

かぼちゃ
——1/4個（正味200g）
玉ねぎ——1/2個（100g）
塩麹（自家製はP54）
——大さじ1
塩、こしょう——各適量
水——300㎖
豆乳——100㎖
植物油——大さじ1

作り方

① かぼちゃは皮を落として小さめに切る。玉ねぎは繊維を断つように薄切りにする。

② 鍋に油と1を入れて中火にかけ、玉ねぎに透明感が出るまでよく炒める。水を加えて沸騰したらアクを取り、弱火にしてふたをして20分ほど加熱する。

③ 木ベラでかぼちゃをつぶし、塩麹を加えて一煮立ちさせる。豆乳を加えてのばし、沸騰直前まで加熱する。塩、こしょうで味をととのえる。

②

③

Point

塩麹はチーズ豆腐からぬぐったものでもよい。

紫キャベツとラディッシュの浅漬け⇨P101

じゃがいもの塩麹グラタン⇨P100

レンズ豆と白菜の塩麹トマトスープ⇨P101

じゃがいもの〔塩麹〕グラタン定食

バターも牛乳もチーズも生クリームも使わないで作れる、
あつあつのグラタンが主役。
レンズ豆のトマトスープで、たんぱく質も野菜のミネラルもたっぷり摂れます。

塩麹ホワイトソース

とろみのある塩麹で、
なめらかでコクのある
ホワイトソースに。
ココナッツオイル（無香タイプ）
を使うと、
バターのような風味が出ます。

材料（4人分）
米粉——大さじ2
植物油（ココナッツオイルなど）——大さじ4
にんにく（すりおろし）——1/2かけ分
豆乳——500㎖
塩麹（自家製はP54）——大さじ2
白こしょう——少々

代用：
塩麹 ⇨ 酒粕ペースト 同量＋塩 小さじ1/3

保存の目安
冷蔵4〜5日

作り方

① 鍋に米粉と油を入れ、なめらかになるまで混ぜる。

② 弱火にかけ、細かい泡が立つまで1分ほど加熱して火を止め、にんにくを加えて一混ぜし、そのまま泡が出なくなるのを待つ（においを飛ばす）。

③ にんにくの香りが飛んだら豆乳を少しずつ加え、泡立て器で混ぜながらのばし、塩麹も加えてさらに混ぜる。

④ 中火にかけてふつふつしてきたら弱火にし、さらにかき混ぜながら2分加熱し、こしょうをふる。

➡クラムチャウダーに
豆乳でのばして、ゆでたじゃがいも、あさりのむき身を入れて温めれば完成。

➡野菜のクリーム煮
キャベツやかぶ、白菜などを炒め、ホワイトソースを入れてかるく煮込むだけ。塩麹の旨味で、ご飯にかけたくなります。

チーズやバターの
代わりに、
塩麹を使った
ホワイトソースで
風味豊かに
仕上げます。

〔メイン〕 じゃがいもの塩麹グラタン

材料（2人分）

じゃがいも……2個（正味200g）
エリンギ……小さめ1本
アンチョビ……2枚
塩麹ホワイトソース……200g
オリーブオイル、こしょう……各適量

作り方

① グラタン皿にオリーブオイルを薄くぬり、3〜4mm厚さに切ったじゃがいもとエリンギをのせ、アンチョビもちぎってのせる。

② ホワイトソースをかけ、表面にオリーブオイルをたらし、200℃のオーブンで焦げ目がつくまで30分ほど焼く。こしょうをふる。

Point

パン粉やチーズをのせてもおいしい。

〔副菜〕紫キャベツとラディッシュの浅漬け

材料（2人分）
ラディッシュ……4個
紫キャベツ……1枚
ぬか床、塩……各適量

作り方
① 紫キャベツは芯を切って、葉と芯それ
　ぞれに塩をすり込む。ラディッシュも塩
　をすり込みしばらく置く。
② 水分が出てきたら拭き取り、ぬか床に
　3時間ほど漬ける。食べやすく切る。

Point
・さっと漬けたぬか漬けはサラダ感覚で食べられる。
・しょっぱいときはかるく水にさらして絞る。
・オリーブオイル少々たらしてもおいしい。

〔汁もの〕レンズ豆と白菜の塩麹トマトスープ

材料（2人分）
玉ねぎ……1/2個（100g）
にんにく……1/2かけ
白菜……1枚（100g）
にんじん、セロリ……30〜40g
トマト缶（水煮）……1/2缶（200g）
水……300mℓ
レンズ豆……50g
塩麹（自家製はP54）……大さじ2
植物油……大さじ1

作り方
① 玉ねぎとにんにく、にんじん、セロリはみじん
　切りにする。白菜は1cm角に切る。レンズ豆
　は洗って水気をきる。
② 鍋ににんにくと油を入れて弱火にかけ、香り
　が立ったら他の野菜を加えてさっと炒め、塩
　麹をなじませる。
③ トマト缶と水、レンズ豆を加え、沸騰したら10
　分ほど加熱して火を止める。塩で味をととの
　える。好みでゆでたブロッコリーを添える。

鮭と白菜の〔発酵鍋〕定食

豆乳と塩麹がベースになった、
白いお鍋は寒い夜にぴったりです。
手作りラー油がたまりません。

発酵ラー油

鮭と白菜の発酵鍋

〔メイン〕 鮭と白菜の発酵鍋

材料（2人分）
生鮭——2切れ
厚揚げ——1/2個
白菜——50g
小松菜——1/2束
長ねぎ——1本
にんじん——1/3本
しいたけ——6枚
水——300㎖
昆布——少々
A　豆乳——200㎖
　　ねりごま——大さじ2
　　塩麹（自家製はP54）——大さじ2
発酵ラー油、青ねぎ——各適量

代用：塩麹 ⇨ 酒粕ペースト 同量＋塩 小さじ1/3

作り方
① 鍋に昆布と水を入れておく。ねぎは斜め切り、小松菜と白菜は2〜3㎝幅に切る。鮭と厚揚げ、にんじん、しいたけは食べやすく切る。

② Aをよく混ぜてから鍋に加えて煮立て、小松菜以外の具材を入れて6〜7分弱めの中火で煮る。小松菜を最後に加え、一煮立ちさせたら火を止める。器によそい、発酵ラー油と青ねぎをかけて食べる。

<u>Point</u> うどんを入れて食べてもおいしい。

発酵ラー油

調理時間はたったの5分で完成！
れんこんの食感がアクセントです。
豆腐にのせたり、
そうめんにかけるのもおすすめ。

材料（2人分）
れんこん——1/4節（50g）
玉ねぎ——1/4個（50g）
にんにく——2かけ
しょうが——にんにくの同量
A　一味唐辛子——小さじ1〜
　　粉山椒——小さじ1/3
　　植物油——100㎖
塩麹（自家製はP54）——大さじ4
いりごま——大さじ2

代用：塩麹 ⇨ 酒粕ペースト 同量＋塩 小さじ2/3

作り方
① 玉ねぎとにんにく、しょうがはみじん切りにする。れんこんは粗みじん切りにする。
② フライパンに1、Aを入れてよく混ぜ、中火にかける。
③ シュワシュワしてきたら弱火にし、5分ほど加熱して火を止める。
④ 塩麹とごまを加えて混ぜ、保存容器に移す。

保存の目安
冷蔵2週間

<u>Point</u> 辛くしたいときは一味唐辛子を増やす。

食材別インデックス

[発酵食材]

塩麹
発酵玉ねぎペースト ……… 15
カツオの塩麹唐揚げと
　　アスパラの素揚げ ……… 19
ラディッシュと新玉ねぎの
　　塩麹浅漬け ……… 19
きのこの塩麹漬け ……… 79
塩麹のチーズ豆腐 ……… 97
かぼちゃの塩麹ポタージュ ……… 97
塩麹ホワイトソース ……… 99
じゃがいもの塩麹グラタン ……… 100
レンズ豆と白菜の塩麹トマトスープ
　　……… 101
鮭と白菜の発酵鍋 ……… 103
発酵ラー油 ……… 103

甘酒
甘酒フレンチドレッシング ……… 21
あさりの甘酒さっと煮 ……… 29
サバ缶の甘酒キーマカレー ……… 31
甘酒レモンラッシー ……… 31
キャベツの甘酒キムチ ……… 37
甘酒フルーツヨーグルト ……… 39
さっぱり梅みそ ……… 41
青唐辛子みそ ……… 45
なすの梅酢ソテー ……… 47
甘酒たくあん ……… 51
甘酒コチュジャン ……… 65
豆腐としいたけの甘酒そぼろ ……… 66
ねぎの白いスープ ……… 66
4種の野菜ナムル ……… 67
パプリカの梅酢マリネ ……… 77
かんたん辛みそだれ ……… 87
発酵マヨネーズ ……… 93

玄米みそ・みそ
新玉ねぎとラディッシュの葉のみそ汁 …… 19

さっぱり梅みそ ……… 41
ズッキーニと油揚げのみそ汁 ……… 43
青唐辛子みそ ……… 45
玄米みその根菜汁 ……… 69
コロコロ野菜のみそ漬け ……… 69
かんたん辛みそだれ ……… 87

白みそ
あさりの白みそターメリックスープ ……… 21
鯛とあさりの白みそワイン蒸し ……… 23
白みそレモンディップ ……… 23
長いもの白みそ汁 ……… 27
春野菜のいしるみそ汁 ……… 37
粕床 ……… 71
大根とにんじんの白みそ豆乳汁 ……… 91

酒粕
粕床 ……… 71
酒粕ペースト ……… 75

豆乳ヨーグルト
イワシの豆乳ヨーグルトカレー ……… 34
甘酒フルーツヨーグルト ……… 39

納豆・テンペ
納豆といんげんのかき揚げ ……… 26
青唐辛子みそとモロヘイヤのそば ……… 46
テンペの照り焼き ……… 94

生ぬか
かんたんぬか漬け ……… 25

[野菜]

玉ねぎ・新玉ねぎ・紫玉ねぎ
発酵玉ねぎペースト ……… 15
ラディッシュと新玉ねぎの塩麹浅漬け
　　……… 19
新玉ねぎとラディッシュの葉のみそ汁 …… 19

あさりの白みそターメリックスープ ……… 21
鯛とあさりの白みそワイン蒸し ……… 23
サバ缶の甘酒キーマカレー ……… 31
紫キャベツのヨーグルトマリネ ……… 35
イワシの豆乳ヨーグルトカレー ……… 34
春野菜のいしるみそ汁 ……… 37
みりんピクルス ……… 39
たこときゅうりの梅みそがけ ……… 43
青唐辛子みそとモロヘイヤのそば ……… 46
玄米みその根菜汁 ……… 69
かきの酒粕クリーム煮 ……… 76
きのことかきのターメリックライス ……… 80
きのこのゆで汁スープ ……… 81
チーズ豆腐のサラダ ……… 97
かぼちゃの塩麹ポタージュ ……… 97
レンズ豆と白菜の塩麹トマトスープ
　　……… 101
発酵ラー油 ……… 103

にんじん
4種の野菜ナムル ……… 67
玄米みその根菜汁 ……… 69
コロコロ野菜のみそ漬け ……… 69
野菜の粕漬け ……… 73
かきの酒粕クリーム煮 ……… 76
きのこのゆで汁スープ ……… 81
サバ缶と大根の粕汁 ……… 85
大根とにんじんの白みそ豆乳汁 ……… 91
レンズ豆と白菜の塩麹トマトスープ
　　……… 101
鮭と白菜の発酵鍋 ……… 103

じゃがいも
発酵玉ねぎスープ ……… 17
かんたんぬか漬け ……… 25
じゃがいもの塩麹グラタン ……… 100

長いも
長いもの白みそ汁 ……… 27

残っているものや好みの食材から、レシピを探せます。（基本調味料やトッピングは除く）

里いも
玄米みその根菜汁 69

さつまいも
さつまいもごはん 91

かぼちゃ
かぼちゃの塩麹ポタージュ 97

れんこん
玄米みその根菜汁 69
発酵ラー油 103

大根・干し大根
甘酒たくあん 51
4種の野菜ナムル 67
玄米みその根菜汁 69
コロコロ野菜のみそ漬け 69
野菜の粕漬け 73
きのこのゆで汁スープ 81
サバ缶と大根の粕汁 85
大根とにんじんの白みそ豆乳汁 91

ねぎ
ねぎの白いスープ 66
鮭と白菜の発酵鍋 103

ごぼう
みりんピクルス 39

キャベツ・紫キャベツ
紫キャベツのヨーグルトマリネ 35
キャベツの甘酒キムチ 37
紫キャベツとラディッシュの浅漬け 101

白菜
レンズ豆と白菜の塩麹トマトスープ 101

鮭と白菜の発酵鍋 103

トマト・ミニトマト
発酵玉ねぎスープ 17
鯛とあさりの白みそワイン蒸し 23
サバ缶の甘酒キーマカレー 31
イワシの豆乳ヨーグルトカレー 34
チーズ豆腐のサラダ 97

きゅうり
たこときゅうりの梅みそがけ 43
野菜の粕漬け 73
きゅうりのサラダ 89

なす
なすの梅酢ソテー 47

オクラ
オクラの辛みそスープ 89

ブロッコリー
発酵玉ねぎスープ 17
スナップえんどうとブロッコリーの
　ホットサラダ 21
かきの酒粕クリーム煮 76

ピーマン
きのこのゆで汁スープ 81

パプリカ
みりんピクルス 39
パプリカの梅酢マリネ 77

アスパラガス
カツオの塩麹唐揚げと
　アスパラの素揚げ 19
春野菜のいしるみそ汁 37

スナップえんどう
スナップえんどうとブロッコリーの
　ホットサラダ 21
鯛とあさりの白みそワイン蒸し 23

ズッキーニ
ズッキーニと油揚げのみそ汁 43
発酵薬味の混ぜ寿司 49

とうもろこし
発酵薬味の混ぜ寿司 49

いんげん
納豆といんげんのかき揚げ 26

枝豆
発酵薬味の混ぜ寿司 49

青菜（ほうれん草、ちんげん菜、小松菜など）
4種の野菜ナムル 67
青菜のきのこ和え 81
青菜漬け 83
小松菜のぬか漬け 91
鮭と白菜の発酵鍋 103

クレソン
あさりの白みそターメリックスープ 21
鯛とあさりの白みそワイン蒸し 23
クレソン混ぜごはん 23

菜の花
菜の花のおすまし 53

三つ葉
三つ葉ごはん 29

大葉
青唐辛子みそ 45

ラディッシュ
ラディッシュと新玉ねぎの塩麹浅漬け
　　　　　　　　　　　　　　　　19
新玉ねぎとラディッシュの葉のみそ汁……19
紫キャベツとラディッシュの浅漬け
　　　　　　　　　　　　　　　　101

もやし・豆もやし
4種の野菜ナムル……………………27
豆もやしの粕床スープ………………73

にんにく
鮭のふわふわオニオンソテー………16
カツオの塩麹唐揚げと
　　アスパラの素揚げ………………19
甘酒フレンチドレッシング…………21
あさりの白みそターメリックスープ……21
鯛とあさりの白みそワイン蒸し……23
サバ缶の甘酒キーマカレー…………31
イワシの豆乳ヨーグルトカレー……34
レモンライス…………………………35
キャベツの甘酒キムチ………………37
みりんピクルス………………………39
なすの梅酢ソテー……………………47
豆腐としいたけの甘酒そぼろ………66
4種の野菜ナムル……………………67
豆もやしの粕床スープ………………73
かきの酒粕クリーム煮………………76
きのことかきのターメリックライス……80
青菜の古漬け炒め……………………84
かんたん辛みそだれ…………………87
塩麹ホワイトソース…………………99
レンズ豆と白菜の塩麹トマトスープ
　　　　　　　　　　　　　　　　101
発酵ラー油……………………………103

しょうが
カツオの塩麹唐揚げと
　　アスパラの素揚げ………………19
納豆といんげんのかき揚げ…………26
あさりの甘酒さっと煮………………29
サバ缶の甘酒キーマカレー…………31
イワシの豆乳ヨーグルトカレー……34

キャベツの甘酒キムチ………………37
新しょうがごはん……………………43
みょうがとしょうがの発酵薬味……49
サバ缶と大根の粕汁…………………85
サバのぬか炊き………………………91
発酵ラー油……………………………103

みょうが
みょうがとしょうがの発酵薬味……49

きのこ（しいたけ、しめじ、マッシュルームなど）
みりんピクルス………………………39
豆腐としいたけの甘酒そぼろ………66
かきの酒粕クリーム煮………………76
きのこの塩麹漬け……………………79
じゃがいもの塩麹グラタン…………100
鮭と白菜の発酵鍋……………………103

レモン・レモン汁
発酵玉ねぎドレッシング……………17
白みそレモンディップ………………23
甘酒レモンラッシー…………………31
レモンライス…………………………35
鯛と甘酒たくあんの押し寿司………52
チーズ豆腐のサラダ…………………97

［魚介］

カツオ
カツオの塩麹唐揚げと
　　アスパラの素揚げ………………15

めかじき
めかじきの辛みそレタス巻き………88

生鮭
鮭のふわふわオニオンソテー………16
鮭と白菜の発酵鍋……………………103

イワシ
イワシの豆乳ヨーグルトカレー……34

サバ
サバのぬか炊き………………………91

ぶり
ぶりの粕漬け焼き……………………72

鯛
鯛とあさりの白みそワイン蒸し……23
鯛と甘酒たくあんの押し寿司………52

しらす・ちりめんじゃこ
キムチのっけごはん…………………37
発酵薬味の混ぜ寿司…………………49

たこ
たこときゅうりの梅みそがけ………43

かき
かきの酒粕クリーム煮………………76
きのことかきのターメリックライス……80

あさり
あさりの白みそターメリックスープ……21
鯛とあさりの白みそワイン蒸し……23
あさりの甘酒さっと煮………………29

わかめ
たこときゅうりの梅みそがけ………43

サバ缶
サバ缶の甘酒キーマカレー…………31
サバ缶と大根の粕汁…………………85

［加工品・乾物］

豆腐
あさりだしのお吸い物………………29
キムチのっけごはん…………………37
薬味豆腐………………………………49
豆腐としいたけの甘酒そぼろ………66
塩麹のチーズ豆腐……………………97

油揚げ・厚揚げ

ズッキーニと油揚げのみそ汁 ⋯⋯⋯ 43

玄米みその根菜汁 ⋯⋯⋯ 69

鮭と白菜の発酵鍋 ⋯⋯⋯ 103

豆乳

あさりの白みそターメリックスープ ⋯⋯ 21

甘酒レモンラッシー ⋯⋯⋯ 31

豆乳ヨーグルト ⋯⋯⋯ 33

ねぎの白いスープ ⋯⋯⋯ 66

大根とにんじんの白みそ豆乳汁 ⋯⋯ 91

発酵マヨネーズ ⋯⋯⋯ 93

塩麹ホワイトソース ⋯⋯⋯ 99

鮭と白菜の発酵鍋 ⋯⋯⋯ 103

梅干し

お湯かけ梅とろろ汁 ⋯⋯⋯ 95

［ご飯いろいろ］

ごま塩ごはん ⋯⋯⋯ 19

雑穀ごはん ⋯⋯⋯ 21

クレソン混ぜごはん ⋯⋯⋯ 23

黒米ごはん ⋯⋯⋯ 27

三つ葉ごはん ⋯⋯⋯ 29

レモンライス ⋯⋯⋯ 35

キムチのっけごはん ⋯⋯⋯ 37

新しょうがごはん ⋯⋯⋯ 43

発酵薬味の混ぜ寿司 ⋯⋯⋯ 49

鯛と甘酒たくあんの押し寿司 ⋯⋯⋯ 52

もちきびごはん ⋯⋯⋯ 69

きのことかきのターメリックライス ⋯⋯ 80

麦ごはん ⋯⋯⋯ 88

さつまいもごはん ⋯⋯⋯ 91

白崎茶会／おすすめの食材

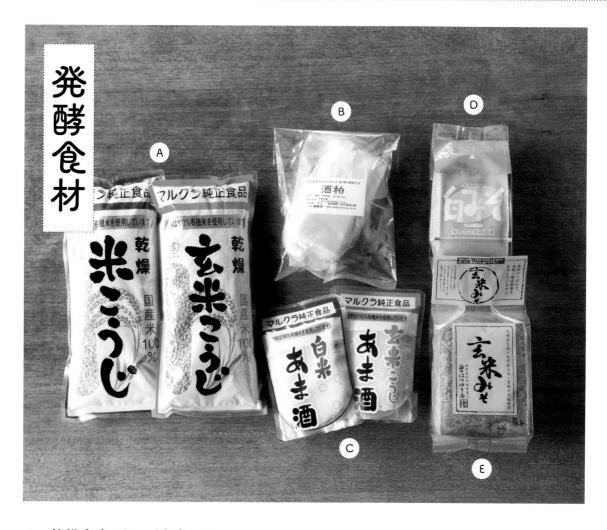

発酵食材

A. 乾燥白米こうじ／玄米こうじ（マルクラ食品）

B. 酒粕（陰陽洞）

C. 白米あま酒／玄米あま酒（マルクラ食品）

D. 有機やさか白みそ（やさか共同農場）

E. 玄米みそ（はつゆき屋）

問い合わせ先

マルクラ食品
☎ 086-429-1551
http://www.marukura-amazake.jp

陰陽洞
☎ 046-873-7137
https://in-yo-do.com

やさか共同農場
☎ 0855-48-2510
https://yasaka-kn.jp

はつゆき屋
☎ 0120-371-113
http://www.hatsuyukiya.co.jp

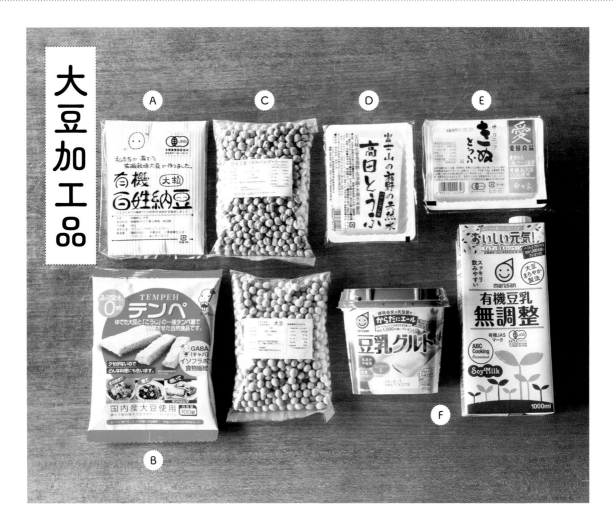

大豆加工品

A. 有機百姓納豆（小原営農センター）

B. テンペ（マルシン食品）

C. ひよこ豆／大豆（陰陽洞）

D. 高田とうふ（高田食品）

E. 卵乃家 オーガニックきぬとうふ（大近）

F. 豆乳グルト／有機豆乳 無調整（マルサンアイ）

問い合わせ先

小原営農センター
☎ 076-468-0034

マルシン食品
☎ 025-260-1155
http://www.ms-hana.
co.jp

陰陽洞 ☞ P108

高田食品
☎ 055-992-3383
http://office-takada.
main.jp

大近
☎ 0120-80-3740

マルサンアイ
☎ 0120-92-2503
http://www.marusanai.
co.jp

しょうゆ

A. 丸大豆醤油（大徳醤油）
B. あらしぼり生醤油（正金醤油）
C. いしる（ヤマサ商事）
D. いしり（カネイシ）

問い合わせ先

大徳醤油
☎ 079-663-4008
https://daitoku-soy.com

正金醤油
☎ 0879-82-0625
http://shokinshoyu.jp

ヤマサ商事
☎ 0768-74-0455

カネイシ
☎ 0768-74-0410
https://kaneishi.com

酒・みりん・酢

A. 料理用自然酒（澤田酒造）
B. 三州三河みりん（角谷文治郎商店）
C. 有機梅酢 赤／白（ムソー）

問い合わせ先

澤田酒造／片山
☎ 044-541-6336

角谷文治郎商店
☎ 0566-41-0748
http://www.mikawamirin.com

ムソー
☎ 06-6945-5800
http://muso.co.jp

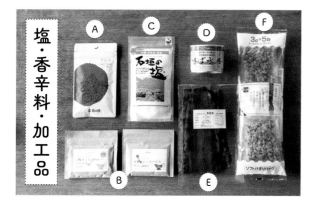

塩・香辛料・加工品

A. 九州とうがらし（一味）
（エヴァウェイ）
B. 有機辛くない
カレースパイス／辛口
（エヌ・ハーベスト）
C. 石垣の塩（石垣の塩）
D. さば水煮（創健社）
E. 真昆布（陰陽洞）
F. かつお一節（健康フーズ）

問い合わせ先

エヴァウェイ
☎ 096-320-2431
http://www.eveway.co.jp

石垣の塩
☎ 0980-83-8711
http://www.ishigakinoshio.com

陰陽洞☞P108

エヌ・ハーベスト
☎ 03-5941-3986
http://www.nharvestorganic.com

創健社
☎ 0120-101-702
http://www.sokensha.co.jp

健康フーズ
☎ 0120-187-565
http://kenkofoods.oi-shi.jp

油

A. Sabo オーガニックエキストラバージンオリーブオイル（ミトク）
B. フレスコバルディ・ラウデミオ（チェリーテラス）
C. 国産なたねサラダ油（ムソー）
D. 圧搾一番しぼり胡麻油（ムソー）

問い合わせ先

ミトク
☎ 0120-744-441
http://www.31095.jp

チェリーテラス
☎ 0120-425668
https://www.cherryterrace.co.jp

ムソー☞酒・みりん・酢

発酵食があれば、大丈夫

まったく同じ材料で作ったのに、なぜかその人が作ったものはおいしい。
そんな人が身近にいませんか？
もしかしたら、その人は「おいしい手」を持っているのかもしれません。

たとえば、青菜漬けを初めて作ると、軽い塩味だけの漬物になります。
ところがその後、ぬか漬けを始め、毎日ぬかをかき混ぜているその手で
青菜を漬けるとあら不思議！　ほんのりとした酸味や旨味が出て、
みるみるおいしい漬物になっていくのです。

おいしい手を使うと、おにぎりも、サラダも、和えものも、
なぜかいつもよりおいしくなってくるはずです。
なんだか体調もよくなって、よく眠れるようになるかもしれません。

だからきっと、大丈夫です。
なんとなく不安なときや、やる気がでないときこそ、
ぬか漬けでもかき混ぜながら、シンプルなごはんを作りましょう。
無口な親友のように、静かに、ゆっくり時間をかけて、
発酵食は、きっとあなたを元気にしてくれます。

最後に、この本に素敵なシーンをつくってくださったのは、
カメラマンの青木さんと、スタイリストの中里さんです。
わかりやすく印象的にと、粘り強くまとめくださったのは、
デザイナーの藤田さんと、書籍編集の和田さん。
そして、この発酵定食の連載をはじめ、クロワッサンで7年間も
私を導いてくださった編集の越川さん。越川さんにずっとついてきました。
この本に関わってくださったすべての方に、心からの感謝を込めて。

2021年6月吉日　白崎裕子

白崎裕子 しらさき・ひろこ

東京生まれ、埼玉育ち。自然食品店「陰陽洞」（神奈川県・逗子）が主宰する料理教室の講師を経て、葉山町の海辺の古民家でオーガニック料理教室「白崎茶会」を始める。予約のとれない料理教室として知られ、全国各地から参加者多数。座右の銘は「心に太陽を、クチビルにぬか漬けを」。現在は"三密"を避け、オンライン料理教室「白崎裕子のレシピ研究室」を開催中。著書『白崎茶会のあたらしいおやつ』『へたおやつ』（ともにマガジンハウス）は、2年連続で料理レシピ本大賞・お菓子部門の大賞を受賞。

白崎茶会の発酵定食
体にやさしい献立と作りおき

2021 年 6 月 24 日　第 1 刷発行
2022 年 3 月 3 日　第 5 刷発行

著　　　者　白崎裕子

発 行 者　鉄尾周一
発 行 所　株式会社マガジンハウス
　　　　　〒104-8003 東京都中央区銀座 3-13-10
　　　　　書籍編集部 ☎03-3545-7030
　　　　　受注センター ☎049-275-1811
印刷・製本　株式会社千代田プリントメディア

撮影　　　　青木和義（マガジンハウス）
スタイリング　中里真理子
デザイン　　藤田康平（Barber）＋白井裕美子
編集　　　　越川典子（連載担当）
　　　　　　和田泰次郎（書籍担当）
調理助手　　水谷美奈子、菊池美咲、竹内よしこ
　　　　　　濱口ちな、白崎巴菜
食材協力　　陰陽洞、菜園野の扉
制作協力　　グラウクス堂

［初出］
本書は『クロワッサン』No.996（2019 年 5 月 10 日号）〜No.1048（2021 年 7 月 10 日号）の連載「白崎茶会の発酵定食」を、大幅に加筆・修正して再構成しました。